Impressum
Verlag: BABADADA GmbH, Nedderfeld 112 , 22529 Hamburg
Geschäftsführer / Verlagsleitung: Harald Hof
Druck: Books on Demand GmbH, In de Tarpen 42, 22848 Norderstedt

Imprint
Publisher: BABADADA GmbH, Nedderfeld 112 , 22529 Hamburg, Germany
Managing Director / Publishing direction: Harald Hof
Print: Books on Demand GmbH, In de Tarpen 42, 22848 Norderstedt

escola
ကျောင်း

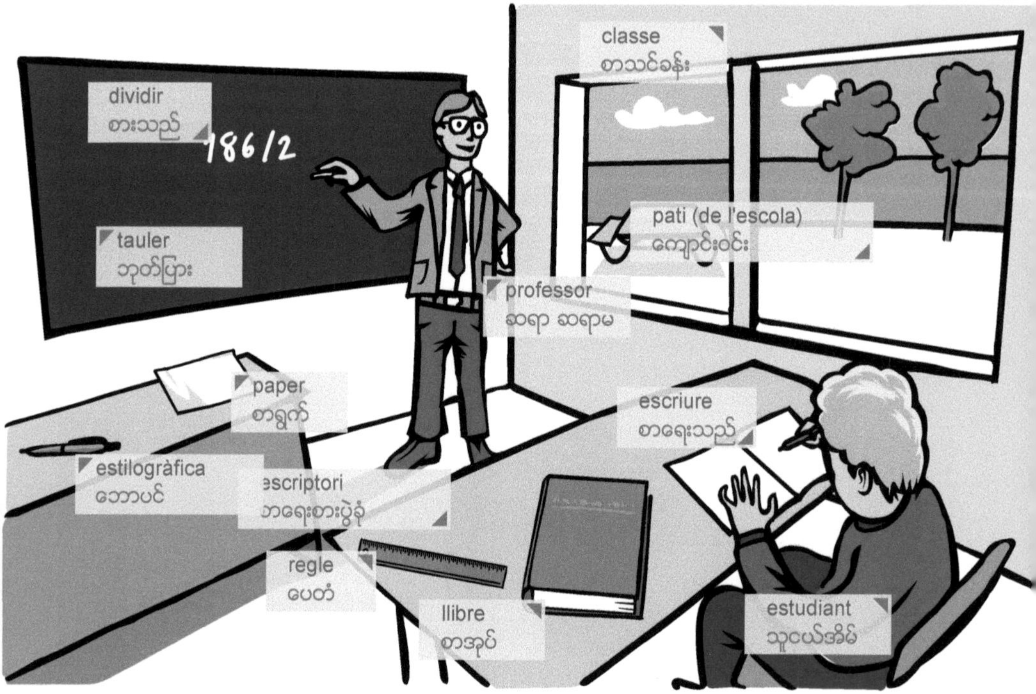
dividir
စားသည်
186/2
tauler
ဘုတ်ပြား
classe
စာသင်ခန်း
pati (de l'escola)
ကျောင်းဝင်း
professor
ဆရာ ဆရာမ
paper
စာရွက်
escriure
စာရေးသည်
estilogràfica
ဘောပင်
scriptori
ာရေးစားပွဲခုံ
regle
ပေတံ
llibre
စာအုပ်
estudiant
သူငယ်အိမ်

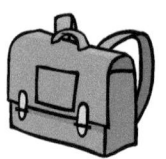

bossa
အဖုံးပါ ဘေးလွယ်အိတ်

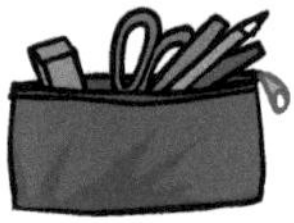

estoig
ခဲတံပူး

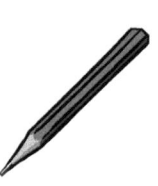

llapis
ခဲတံ

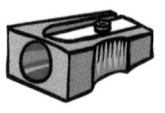

maquineta de fer punta
ချွန်စက်

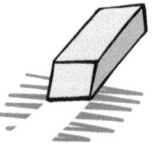

goma
ခဲဖျက်

bloc de dibuix
ပုံဆွဲစာအုပ်

dibuix

ပုံဆွဲခြင်း

pinzell

ဆေးခြယ်သည့် စုပ်တံ

capsa de pintures

အရောင်စုံ ဘူး

tisores

ကပ်ကြေး

cola

ကော်

quadern d'exercicis

လေ့ကျင့်ခန်းစာအုပ်

deures

အိမ်စာ

12

nombre

နံပါတ်

2+2

afegir

ပေါင်းသည်

5−2

sostreure

နုတ်သည်

2×2

multiplicar

မြှောက်သည်

calcular

တွက်ပါ

A

lletra

စာ

ABCDEFG HIJKLMN OPQRSTU VWXYZ

alfabet

အက္ခရာ

hello

mot

စကားလုံး

text

ဖတ်စာအုပ်

llegir

ဖတ်သည်

guix

မြေဖြူ

lliçó

သခန်းစာ

llibre de classe

ကျောင်းခေါ်ချိန်
မှတ်တမ်းစာအုပ်

examen

စာမေးပွဲ

certificat

အထောက်အထားလက်မှတ်

uniforme escolar

ကျောင်းဝတ်စုံ

formació

ပညာရေး

enciclopèdia

စွယ်စုံကျမ်း

universitat

တက္ကသိုလ်

microscopi

အနကြည့်မှန်ပြောင်း

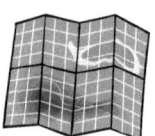

mapa

မြေပုံ

paperera

အမှိုက်စွန့်ပုံး

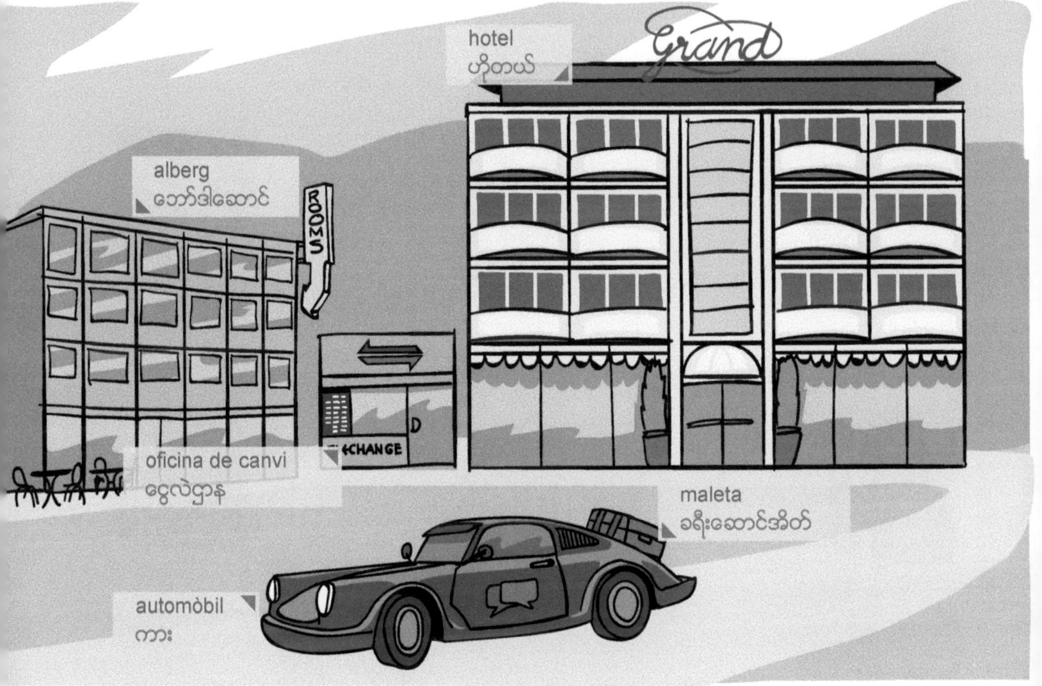

Grand
hotel
ဟိုတယ်
alberg
ဘော်ဒါဆောင်
ROOMS
oficina de canvi
ငွေလဲဌာန
maleta
ခရီးဆောင်အိတ်
automòbil
ကား

llengua

ဘာသာစကား

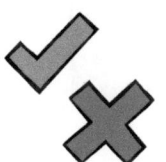

sí / no

မှန် / မှား

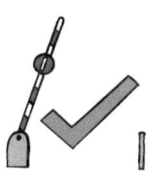

D'acord

အိုကေ

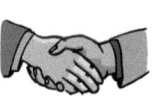

Ey!

ဟယ်လို

traductora

ဘာသာပြန်

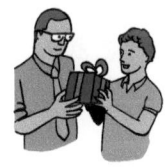

gràcies

ကျေးဇူးတင်ပါတယ်

Quant costa… ?

......က ဘယ်လောက်လဲ။

No entenc

ကျွန်ုပ် နားမလည်ဘူး

problema

ပြဿနာ

Bona nit!

မင်္ဂလာ ညနေခင်းပါ။

bon dia!

မင်္ဂလာ နံနက်ခင်းပါ။

bona nit!

မင်္ဂလာ ညပါ။

fins aviat

ဘိုင်းဘိုင်

direcció

ဦးတည်ရာ

bagatge

ခရီးဆောင်သေတ္တာ

bossa

အိတ်

sarrona

ကျောပိုးအိတ်

convidat

ညှို့သည်

cambra

အခန်း

sac de dormir

တစ်ကိုယ်စာအိပ်ယာလိပ်

tenda

ရွက်ထည်တဲ

oficina de turisme

ခရီးသွားဧည့်သည်အတွက်
သတင်းအချက်အလက်

platja

ကမ်းခြေ

carta de crèdit

အကြွေးဝယ်ကတ်

esmorzar

နံနက်စာ

dinar

နေ့လည်စာ

sopar

ညစာ

bitllet

လက်မှတ်

ascensor

ဓာတ်လှေကား

segell

တံဆိပ်ခေါင်း

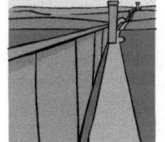

frontera

နယ်စပ်

duana

အခွန်များ

ambaixada

သံရုံး

visat

ဗီဇာ

passaport

နိုင်ငံကူးလက်မှတ်

transport
သယ်ယူပို့ဆောင်ရေး

vol
လေယာဉ်ပျံ

vaixell
သင်္ဘော

automòbil dels bombers
မီးသတ်ကား

bus
ဘတ်စ်ကား

camió
ထရပ်ကား

llanxa de motor
မော်တော်ဘုတ်

bicicleta
စက်ဘီး

automòbil
ကား

transbordador
ဖယ်ရီသင်္ဘော

barca
လှေ

moto
မော်တော်ဆိုက်ကယ်

automòbil de policia
ရဲကား

automòbil de curses
ပြိုင်ကား

automòbil de lloguer
စင်းလုံးငှားကား

vehicle compartit

ကားဝေမျှသုံးစွဲခြင်း

grua

ပျက်နေသော ထရပ်ကား

camió de les escombraries

အမှိုက်သယ်ယာဉ်

motor

မော်တာ

benzina

လောင်စာ

benzineria

ဓာတ်ဆီဆိုင်

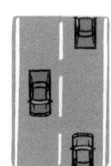

senyal de trànsit

လမ်းကြောပြ ဆိုင်းဘုတ်

trànsit

ယာဉ်အသွားအလာ

embús

လမ်းကြောပိတ်ဆို့မှု

aparcament

ကားရပ်နားရာနေရာ

estació de trens

ရထားဘူတာရုံ

vies

လမ်းကြောင်းများ

tren

ရထား

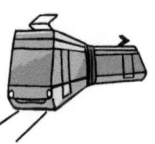

tramvia

ဓာတ်ရထား

vagó

ရထားလုံး

helicòpter

ဟယ်လီကော်ပိတာ

aeroport

လေဆိပ်

torre

တာဝါ

passatger

ခရီးသည်

contenidor

ထည့်စရာပုံး

capsa de cartó

ကတ်ထူပုံး

carretó

လှည်း

cistella

ခြင်း

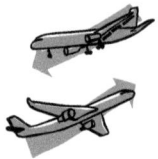

enlairar-se / aterrar

ထွက်ခွာ / ဆိုက်ရောက်

ciutat

မြို့တော်

poble

ကျေးရွာ

centre de la ciutat

မြို့လယ်ခေါင်

casa

အိမ်

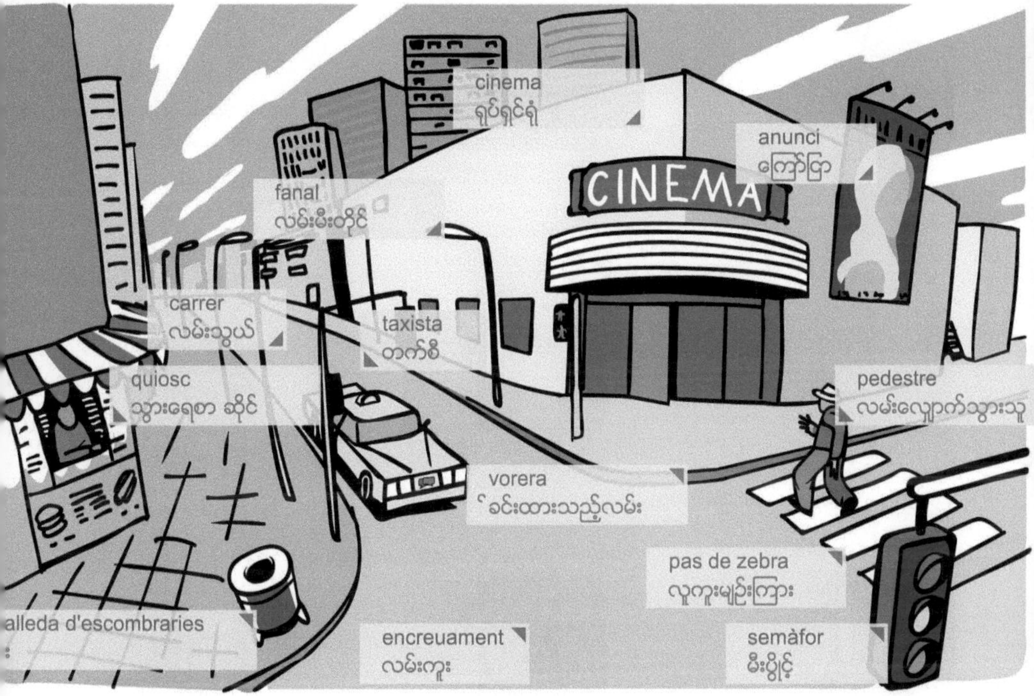
cinema
ရုပ်ရှင်ရုံ
CINEMA
anunci
ကြော်ငြာ
fanal
လမ်းမီးတိုင်
carrer
လမ်းသွယ်
taxista
တက်စီ
quiosc
သွားရေစာ ဆိုင်
pedestre
လမ်းလျှောက်သွားသူ
vorera
ခင်းထားသည့်လမ်း
pas de zebra
လူကူးမျဉ်းကြား
alleda d'escombraries
encreuament
လမ်းကူး
semàfor
မီးပွိုင့်

cabana

တဲအိမ်

apartament

နေအိမ်ခန်း

estació de trens

ရထားဘူတာရုံ

casa de la vila-ciutat

မြို့တော်ခန်းမ

MUSEUM

museu

ပြတိုက်

escola

ကျောင်း

universitat

တက္ကသိုလ်

banca

ဘဏ်

hospital

ဆေးရုံ

hotel

ဟိုတယ်

farmàcia

ဆေးဆိုင်

oficina

ရုံးခန်း

llibreria

စာအုပ်ဆိုင်

botiga

ဆိုင်

floristeria

ပန်းရောင်းသူ၏

supermercat

စူပါမားကတ်

mercat

ဈေး

gran magatzem

ပစ္စည်းမျိုးစုံရောင်းသည့်
စတိုးဆိုင်ကြီး

peixateria

ငါးရောင်းသူ၏

centre comercial

ဈေးဝယ်စင်တာ

port

သင်္ဘောဆိပ်

parc

အနားယူပန်းခြံ

banc

ထိုင်ခုံတန်း

pont

တံတား

escala

လှေကားထစ်များ

metro

မြေအောက်

túnel

ဥမင်လိုဏ်ခေါင်း

parada d'autobús

ဘတ်စ်ကားမှတ်တိုင်

bar

ဘား

restaurant

စားသောက်ဆိုင်

bústia de correu

စာတိုက်သေတ္တာ

senyal indicador

လမ်းဆိုင်းဘုတ်

parquímetre

ကားရပ်နားခ ကောက်ခံသည့်
မီတာ

zoo

တိရိစ္ဆာန်ရုံ

piscina

ရေကူးကန်

mesquita

ဗလီ

granja

လယ်ယာ

pol·lució

ညစ်ညမ်းမှု

cementiri

သချိုင်းကုန်း

església

ဘုရားရှိခိုးကျောင်း

parc infantil

ကစားကွင်း

temple

ဘုရားကျောင်း

paisatge
ရှုခင်း

fulla
သစ်ရွက်

cartell indicador
ဆိုင်းဘုတ်

camí
လမ်း

prat
မြက်ခင်း

pedra
ကျောက်တုံး

arbre
သစ်ပင်

excursionista
တောင်တက်သမား

riu
မြစ်

gespa
မြက်

flor
ပန်း

vall

တောင်ကြား

muntanya

တောင်ကုန်း

llac

ရေကန်

bosc

သစ်တော

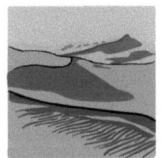

desert

သဲကန္တာရ

volcà

မီးတောင်

castell

ရဲတိုက်

arc de Sant Martí

သက်တန့်

bolet

မှို

palmera

ထန်းပင်

moscard

ခြင်

mosca

ပျံသန်းသည်

formiga

ပုရွက်ဆိတ်

abella

ပျား

aranya

ပင့်ကူ

escarabat

ပိုးတောင်မာ

granota

ဖား

esquirol

ရှဉ့်

eriçó

ဖြူကောင်

llebre

ယုန်

òliba

ဇီးကွက်

ocell

ငှက်

cigne

ငန်း

senglar

တောဝက်

cervo

သမင်

ant

ချိုပြားဒရယ်

presa

ဆည်

turbina

လေအားသုံး
လျှပ်စစ်ဓာတ်အားပေးစက်

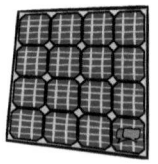

panell solar

နေရောင်ခြည်ခံပြား

clima

ရာသီဥတု

cambrer
စားပွဲထိုး

menú
မီနူး

cadira
ထိုင်ခုံ

sopa
ဟင်းချို

pizza
ပီဇာ

coberts
ဇွန်းခက်ရင်း

tovalla
စားပွဲခင်း

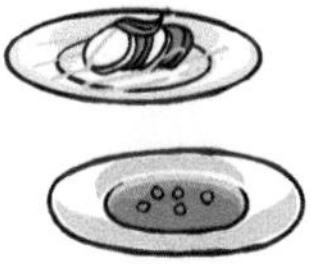

primer plat

ပထမဆုံး စစားသည့် အစာ

plat principal

ပင်မ အစာ

darreries

အချိုပွဲ

begudes

သောက်စရာများ

menjar

အစားအစာ

ampolla

ပုလင်း

menjar ràpid

အသင့်ပြင်ပြီးသား အစားအစာ

menjar de carrer

လမ်းဘေးအစားအစာ

tetera

လက်ဖက်ရည်အိုး သို့မဟုတ်
ရေနွေးကြမ်းအိုး

sucrer

သကြားအိုး

porció

တစ်ယောက်စာ

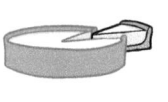

màquina d'espresso

အက်စပရက်ဆို ကော်ဖီစက်

trona

ထိုင်ခုံအမြင့်

factura

ငွေတောင်းခံလွှာ

plata

ပန်း

ganivet

ဓါး

forqueta

ခက်ရင်း

cullera

ဇွန်း

cullereta

လက်ဖက်ရည်ဇွန်း

tovalló

လက်သုတ်ပုဝါ

got

ရေသောက်ဖန်ခွက်

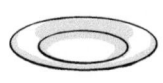

plat

ပန်းကန်ပြား

plat de sopa

ဟင်းချို့ပန်းကန်ပြား

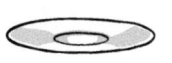

plateret

ပန်းကန်ပြား

salsa

ဆော့စ်

saler

ဆားအိုး

molinet de pebre

ငရုတ်ကောင်း ချေစက်

vinagre

ရှာလကာရည်

oli

ဆီ

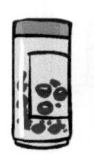

espècies

ဟင်းခတ်အမွှေးအကြိုင်

quètxup

ခရမ်းချဉ်သီးဆော့စ်

mostassa

မုန်ညင်းဆီဆော့စ်

maionesa

မယိုးနိစ်

supermercat
စူပါမားကတ်

oferta especial
အထူးကမ်းလှမ်းချက်
FOR
client
ဖောက်သည် သို့မဟုတ် ဈေးဝယ်သူ
productes lactis
နို့ထွက်ပစ္စည်း
fruites
သစ်သီး
carret de la compra
ထရော်လီလှည်း

BUTCHERS

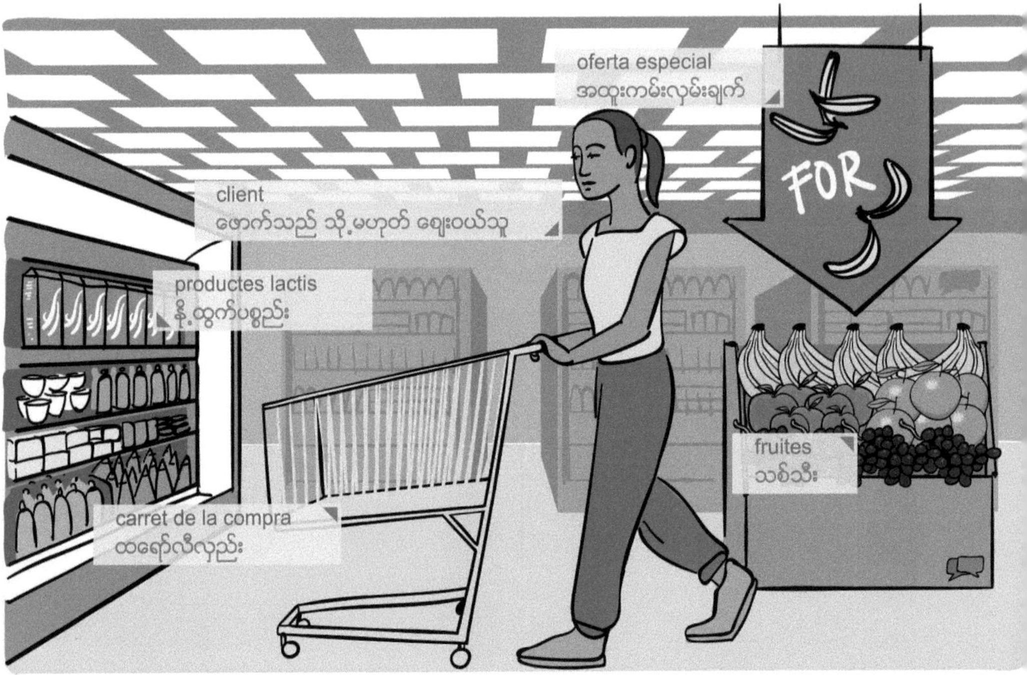

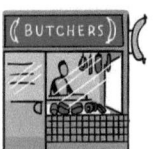

carnisseria

သားသတ်သမား၏

BAKERY

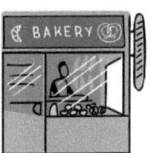

forn de pa

မုန့်ဖုတ်သမား၏

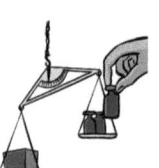

pesar

အလေးချိန်သည်

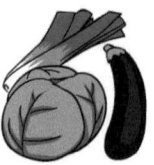

verdures

ဟင်းသီးဟင်းရွက်

carn

အသား

menjar congelat

အေးခဲထားသည့် အစားအစာ

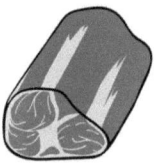

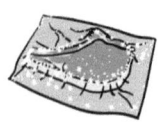

carn freda
ပြင်ဆင်ထားသော အသားအေး

conserves
သံဗူးသွပ် အစားအစာ

detergent en pols
ဆပ်ပြာမှုန့်

dolços
သကြားလုံးများ

articles domèstics
အိမ်သုံး ပစ္စည်းများ

productes de neteja
သန့်ရှင်းရေး ပစ္စည်းများ

venedora
ဈေးရောင်းသူ

caixa registradora
အထိ

caixera
ငွေကိုင်

llista de la compra
ဈေးဝယ်စာရင်း

horari d'obertura
ဖွင့်ချိန်နာရီများ

portamonedes
အိတ်ဆောင် ပိုက်ဆံအိတ်

carta de crèdit
အကြွေးဝယ်ကတ်

bossa
အိတ်

bossa de plàstic
ပလတ်စတစ်အိတ်

သောက်စရာများ

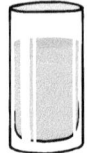

aigua

ရေ

suc

သစ်သီးဖျော်ရည်

llet

နွားနို့

coca-cola

ကိုကာကိုလာ

vi

ဝိုင်

cervesa

ဘီယာ

alcohol

အရက်

cacau

ကိုကိုးမှုန့်

te

လက်ဖက်ရည် သို့ မဟုတ်
ရေနွေးကြမ်း

cafè

ကော်ဖီ

espresso

အက်စ်ပရက်ဆို ကော်ဖီ

cappuccino

ကပူချီနိုကော်ဖီ

banana

ငှက်ပျောသီး

poma

ပန်းသီး

taronja

လိမ္မော်သီး

síndria

ဖရဲသီးမျိုးဝင်

llimona

သံပုရိုသီး

pastanaga

မုန်လာဥနီ

all

ကြက်သွန်ဖြူ

bambú

မျှစ်

ceba

ကြက်သွန်နီ

bolet

မို

avellanes

ပဲစေ့များ

fideus

ခေါက်ဆွဲ

espaguetis

စပါဂတီ ခေါ် အီတလီ ခေါက်ဆွဲ

arròs

ထမင်း

amanida

ဆလပ်ရွက်သုတ်

patates fregides

အကြွပ်ကြော်များ

patates fregides

အာလူးကြော်

pizza

ပီဇာ

hamburguesa

ဟမ်ဘာဂါ

entrepà

အသားညှပ်ပေါင်မုန့်

escalopa

ကတ်တလိပ်

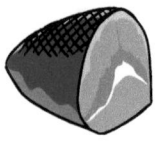

cuixot

ဝက်ပေါင်ခြောက်

salami

ဆလာမီ

salsitxa

ဝက်အူချောင်း

pollastre

ကြက်သား

rostit

ရို့စ်လုပ်ခြင်း

peix

ငါး

flocs de civada

ကွေကာအုတ်

musli

မျူးစလီ

cereals

ပြောင်းစေ့ပြား

farina

ဂျုံမုန့်

croissant

ခရာဆွန်း ခေါ်
ပြင်သစ်ပေါင်မုန့်တစ်မျိုး

panet

ပေါင်မုန့်လိပ်

pa

ပေါင်မုန့်

torrada

ပေါင်မုန့် မီးကင်

bescuits

ဘီစကစ်

mantega

ထောပတ်

mató

ဒိန်ခဲ

pastís

ကိတ်မုန့်

ou

ဥ

ou fregit

ဥကြော်

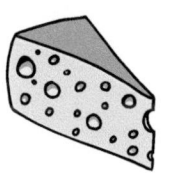

formatge

ချိစ်

gelat

ရေခဲမုန့်

sucre

သကြား

mel

ပျားရည်

melmelada

ယို

crema de xocolata

ယိုသုတ်စားသည့် ချောကလက်

curri

ဟင်း

granja
လယ်တောအိမ်

graner
တင်းကုပ်

bala de palla
ကောက်ရိုးပုံ

camp
ကွင်းပြင်

cavall
မြင်း

remolc
နောက်တွဲယာဉ်

poltre
မြည်း

tractor
လယ်ထွန်စက်

ase
မြည်း

ovella
သိုး

xai
သိုး

cabra
ဆိတ်

vaca
နွားမ

vedella
နွားလေး

porc
ဝက်

garrí
ဝက်ကလေး

bou
နွားထီး

oca

ဘဲငန်း

ànec

ဘဲ

poll

ကြက်ပေါက်ကလေး

gall

ကြက်မ

gallina

ကြက်ဖ

rata

ကြွက်

gat

ကြောင်

ratolí

ကြွက်ကလေး

bou

နွားထီး

gos

ခွေး

gossera

ခွေးအိမ်

mànega de regar

ပန်းခြံရေပိုက်

regadora

ရေလောင်းသည့်ခွက်

dalla

တံစဉ်အပြားကြီး

arada

ထယ်

28   granja - လယ်ယာ

falç
တံစဉ်

aixada
ပေါက်ပြား

forca
ကောက်ဆွ

destral
ပေါက်ချွန်း

carretó
ဘီးတပ် လက်တွန်းလှည်း

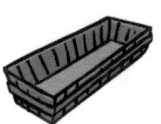

abeurador
စားခွက်

lletera
နို့ပုံး

sac
အိတ်

tanca
ခြံစည်းရိုး

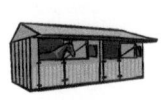

establa
မြင်းဇောင်း

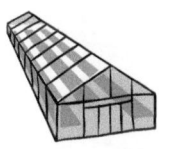

hivernacle
မှန်လုံအိမ်

sòl
မြေကြီး

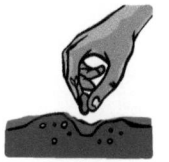

llavor
အစေ့

adob
မြေသြဇာ

collidora
စုပေါင်း ရိတ်သိမ်းသူ

collir

ရိတ်သိမ်းသည်

collita

ရိတ်သိမ်းသည်

nyam

ပီလောပိန်

blat

ဂျုံ

soja

ပဲပုပ်

patata

အာလူး

blat de moro o d'indi

ပြောင်း

colza

နံစားပြောင်းဆီ

arbre fruiter

အသီးပင်

mandioca

ပီလောပိန်

cereals

စီရီရယ် ခေါ် နံနက်စာတစ်မျိုး

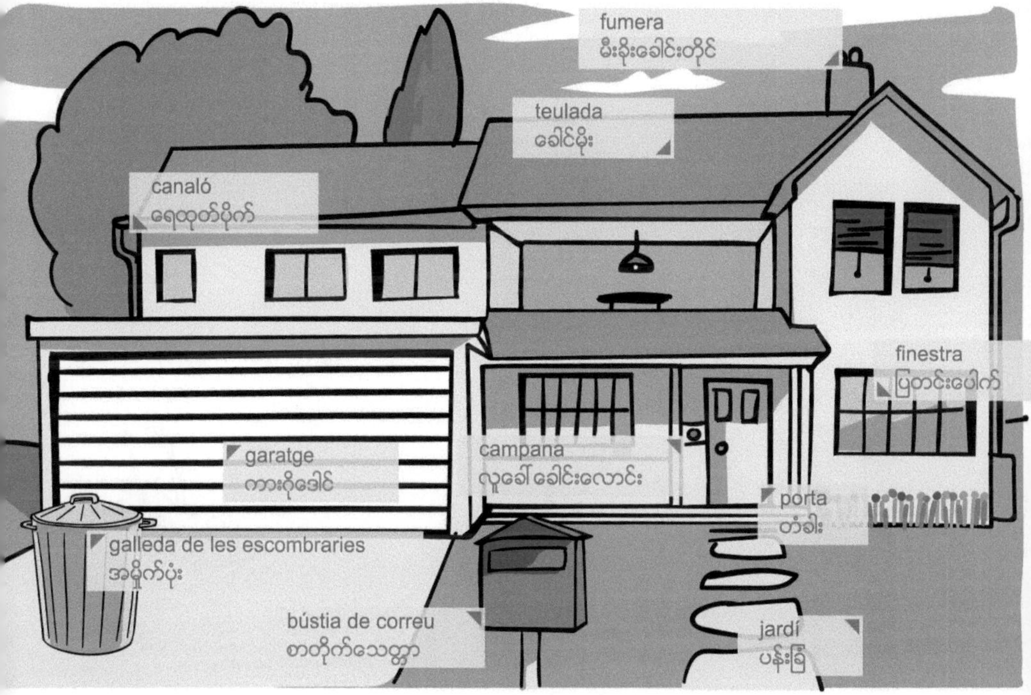

fumera
မီးခိုးခေါင်းတိုင်

teulada
ခေါင်မိုး

canaló
ရေထွက်ပိုက်

garatge
ကားဂိုဒေါင်

campana
လူခေါ်ခေါင်းလောင်း

finestra
ပြတင်းပေါက်

porta
တံခါး

galleda de les escombraries
အမှိုက်ပုံး

porta
တံခါး

bústia de correu
စာတိုက်သေတ္တာ

jardí
ပန်းခြံ

sala d'estar

ဧည့်ခန်း

bany

ရေချိုးခန်း

cuina

မီးဖိုချောင်

cambra de dormir

အိပ်ခန်း

cambra de nen

ကလေး အခန်း

menjador

ထမင်းစားခန်း

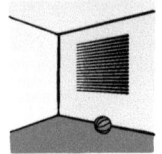

sòl

ကြမ်းပြင်

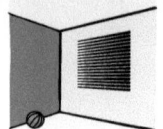

paret

နံရံ

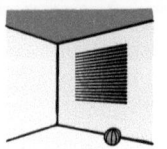

sostre

မျက်နှာကြက်

soterrani

မြေအောက်ခန်း

sauna

ချွေးထုတ်ခန်း

balcó

ဝရန်တာ

terrassa

ဝရန်တာ

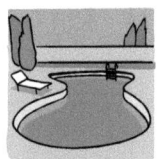

piscina

ရေကူးကန်

tallagespa

မြက်ရိတ်စက်

vànova

အခြုပ်

cobrellit

အိပ်ယာခင်း

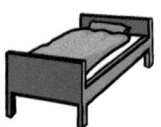

llit

အိပ်ယာ

escombra

တံမြက်စည်း

galleda

ရေပုံး

interruptor

မီးခလုတ်

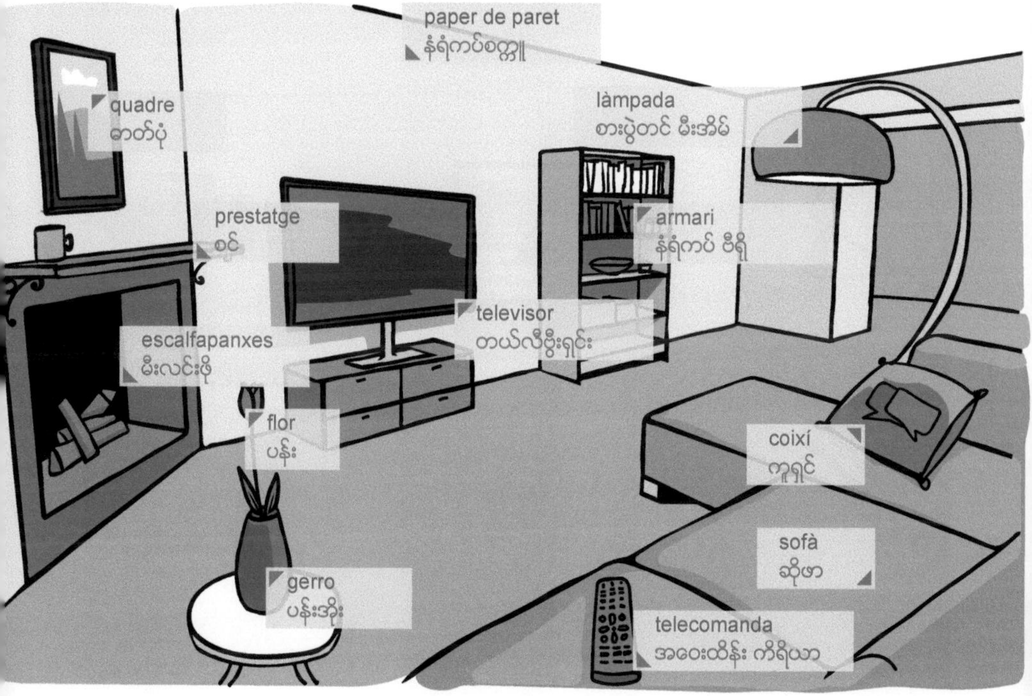

paper de paret
နံရံကပ်စက္ကူ

quadre
ဓာတ်ပုံ

làmpada
စားပွဲတင် မီးအိမ်

prestatge
စင်

armari
နံရံကပ် ပီရိ

televisor
တယ်လီဗွီးရှင်း

escalfapanxes
မီးလင်းဖို

flor
ပန်း

coixí
ကူရှင်

sofà
ဆိုဖာ

gerro
ပန်းအိုး

telecomanda
အဝေးထိန်း ကိရိယာ

catifa

ကော်ဇော

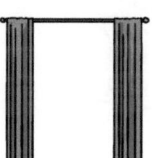

cortina

ကန့်လန့်ကာ

taula

စားပွဲခုံ သို့မဟုတ် ဇယား

cadira

ထိုင်ခုံ

cadira gronxadora

ရှေ့နောက် ယိမ်းနိုင်သည့် ထိုင်ခုံ

cadiral

လက်တင်ထိုင်ခုံ

llibre

စာအုပ်

llençol

စောင်

decoració

အပြင်အဆင်

llenya

ထင်း

film

ဖလင် သို့မဟုတ် ရုပ်ရှင်

cadena de música

ဟိုင်ဖိုင် ကိရိယာ

clau

သော့

diari

သတင်းစာ

pintura

ပန်းချီကား

cartell

ပိုစတာ

ràdio

ရေဒီယို

bloc de notes

မှတ်စုစာရွက်အုပ်

aspiradora

ဖုံစုပ်စက်

cactus

ရှားစောင်းပင်

candela

ဖယောင်းတိုင်

cuina
မီးဖိုချောင်

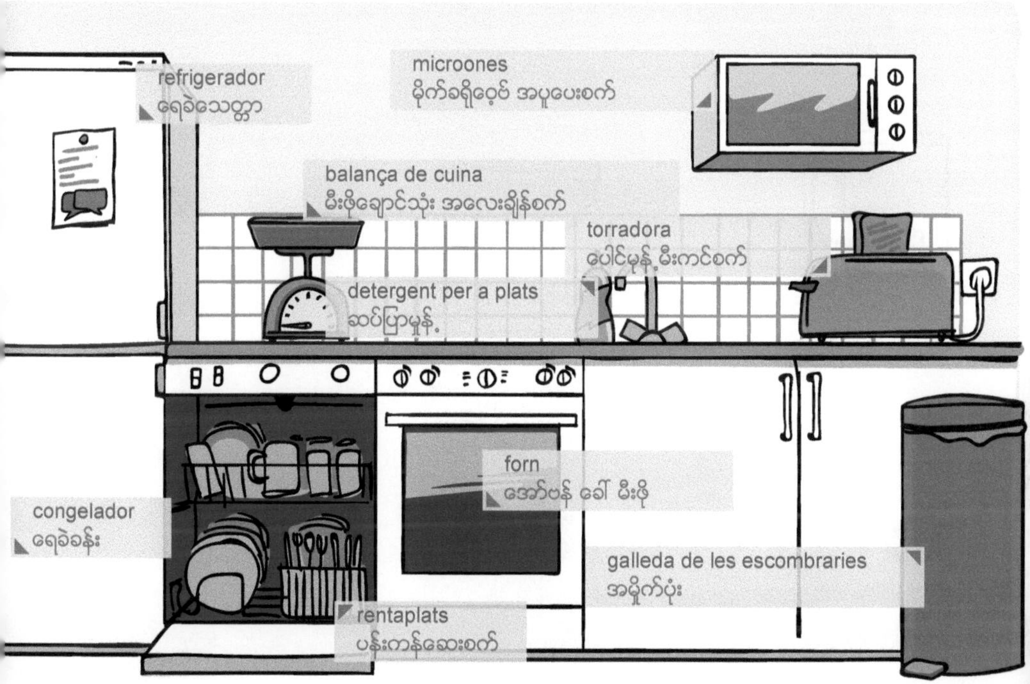
refrigerador
ရေခဲသေတ္တာ
microones
မိုက်ခရိုဝေ့ဗ် အပူပေးစက်
balança de cuina
မီးဖိုချောင်သုံး အလေးချိန်စက်
torradora
ပေါင်မုန့် မီးကင်စက်
detergent per a plats
ဆပ်ပြာမှုန့်
forn
အော်ဗန် ခေါ် မီးဖို
congelador
ရေခဲခန်း
galleda de les escombraries
အမှိုက်ပုံး
rentaplats
ပန်းကန်ဆေးစက်

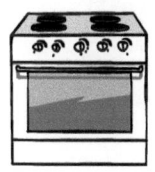

cuina de fogons

လျှပ်စစ် ချက်ပြုတ်အိုး

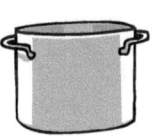

olla

အိုး

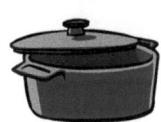

olla de ferro colat

သံအိုးကြီး

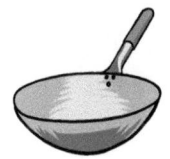

wok / karahi

မွှေကြော်သည့် ဒယ်အိုးကြီး / ကာဒိုင်း

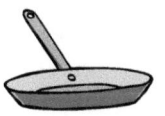

paella

ဒယ်အိုး

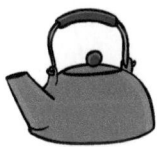

bullidor

ရေနွေးတည်သည့်အိုး

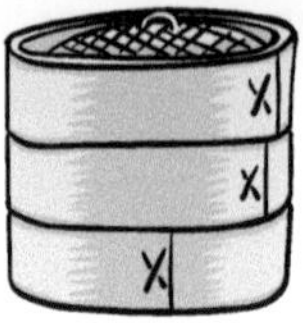

olla de vapor

ပေါင်းစက်

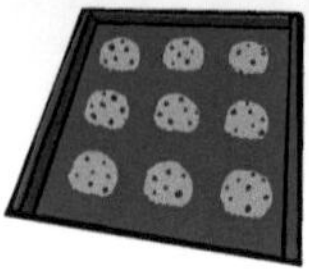

plata de forn

မုန့်ဖုတ်သည့် ဗန်း

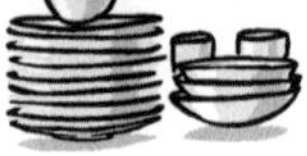

vaixella

ကြွေပန်းကန်ပြား ခွက်ယောက်

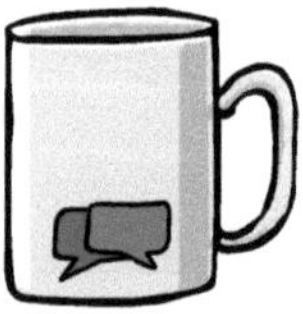

tassa grossa

မတ်ခွက်

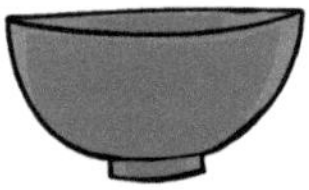

bol

ဇလုံပန်းကန်

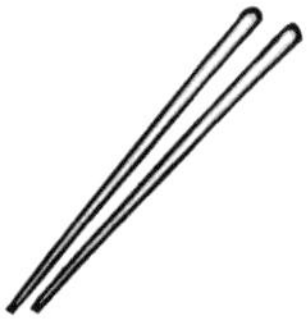

bastonets xinesos

အစာစားသည့်တူများ

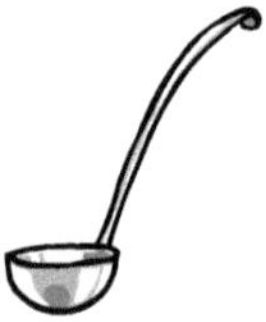

culler

ယောက်ချို

espàtula

မွှေသည့်အတံ

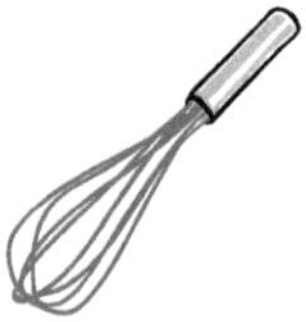

batedor

ခေါက်တံ

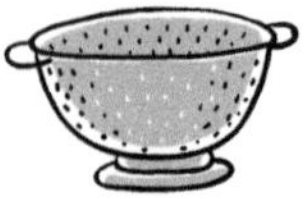

colador

စစ်သည့် အရာ

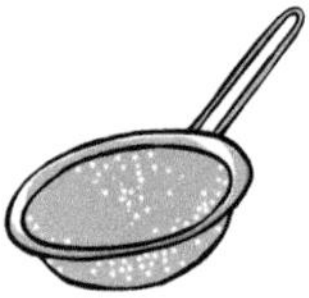

sedàs

စကာ

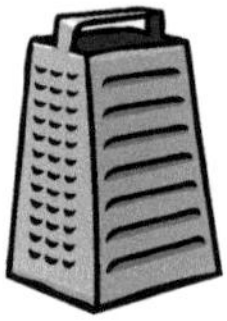

ratllador

ခြစ်သည့်ကိရိယာ

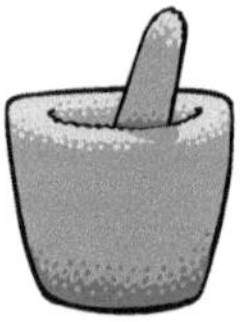

morter

ငြုပ်ဆုံ

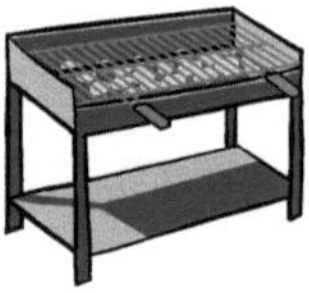

barbacoa

ဘာဘီကျူးကင်

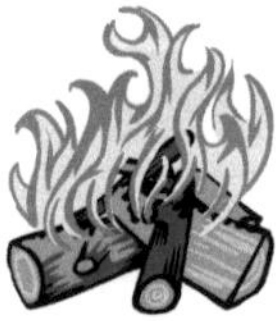

foc a terra

ထင်းမီးဖို

taula de tallar

စင်းနီးတုံး

corró

လည်နေသောပင်

pot de conserva

သံဗူး

obridor

သံဗူးဖောက်တံ

agafador

အိုးတင်သည့်အရာ

aigüera

ရေဆေးသည့် နေရာ

raspall

စုပ်တံ

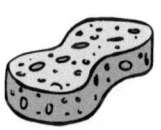

esponja

ရေမြှုပ်

batedora

မွှေသည့်စက်

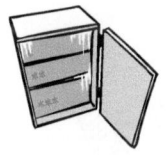

congelador

အေးခဲသည့် ရေခဲခန်း

biberó

ကလေးနို့ဗူး

aixeta

ရေပိုက်ခေါင်း

llevataps

ဖော့ဆို့

bany
ရေချိုးခန်း

calefacció
အပူပေးခြင်း
dutxa
ရေပန်း
tovallola
မျက်နှာသုတ်ပုဝါ
cortina de dutxa
ရေချိုးခန်းကန့်လန့်ကာ
bany de bombolles
ရေစိမ်ချိုးရန် ရေမြှုပ်ဆပ်ပြာရည်
banyera
ရေစိမ်ချိုးသည့်ကန်
got
ရေသောက်ဖန်ခွက်
rentadora
အဝတ်လျှော်စက်
aixeta
ရေပိုက်ခေါင်း
rajoles
ကျောက်ပြားများ
orinal
အပေါ့အလေး စွန့်သည့်အိုး
aigüera
ရေဆေးသည့် နေရာ

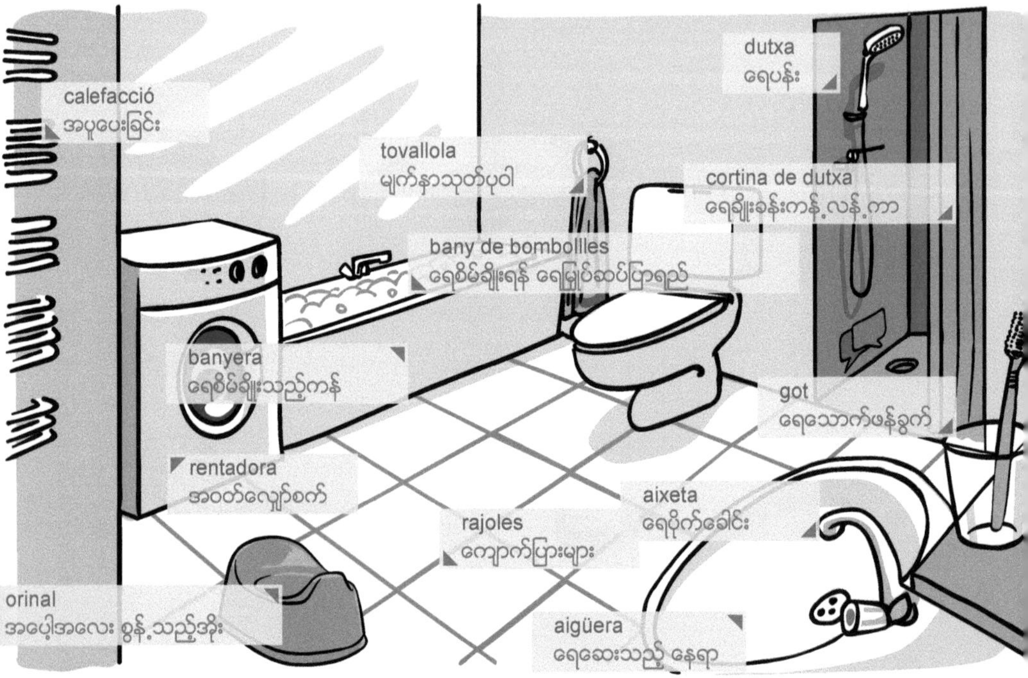

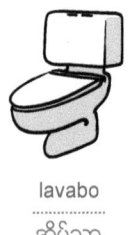

lavabo

အိမ်သာ

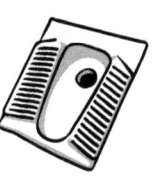

lavabo turc

ဆောင့်ကြောင့်ထိုင်ရသည့် အိမ်သာ

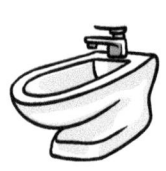

bidet

အမျိုးသမီးသုံး အောက်ပိုင်းဆေးသည့် ကမုတ်

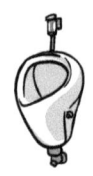

orinador

အမျိုးသား ဆီးသွားသည့်ကမုတ်

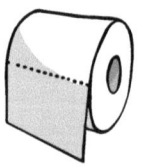

paper higiènic

အိမ်သာသုံး စက္ကူ

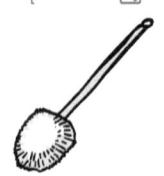

escombreta de sanitari

အိမ်သာတိုက် ဘရပ်ရှ်

raspall de dents

သွားတိုက်တံ

pasta de dents

သွားတိုက်ဆေး

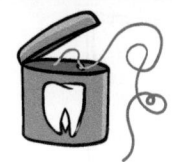

fil dental

သွား ချေးထုတ်သည့် ကြိုး

rentar

ဆေးကြောသည်

pom de dutxa

လက်ကိုင် ရေပန်း

dutxa íntima

ရေပန်းဖြင့်ရေချိုးခြင်း

rentamans

ရေအင်တုံ

raspall per a l'esquena

နောက်ကျော ချေးတွန်းသည့်
ဘရပ်ရှ်

sabó

ဆပ်ပြာ

gel de dutxa

ရေချိုးဆပ်ပြာရည်

xampú

ခေါင်းလျှော်ရည်

manyopla de bany

ဖလန်နယ်စ

bonera

ရေထွက်ပေါက်

crema

ခရင်မ်

desodorant

ဒီအော်ဒရန့် ခေါ်
ကိုယ်လိမ်းအမွှေးနံ့သာ

mirall

မှန်

mirall-espill de mà

လက်ကိုင်မှန်

maquineta de rasar

မုတ်ဆိတ်ရိတ်တံ

espuma de barbejar

မုတ်ဆိတ်ရိတ်ရန် အမြှုပ်

loció post-rasada

မုတ်ဆိတ်ရိတ်ပြီး
လိမ်းသည့်အမွှေးနံ့သာ

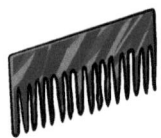

pinta

ခေါင်းဘီး

raspall

ဘရပ်ရှ်

eixugador

ဆံပင်ခြောက်စက်

laca

ဆံပင်ဖြန်းဆေး

maquillatge

မိတ်ကပ်

pintallavis

နှုတ်ခမ်းဆိုးဆေး

esmalt d'ungles

လက်သည်းဆိုးဆေး

cotó

ဝွမ်းလုံး

tallaungles

လက်သည်းညှပ် ကပ်ကြေး

perfum

ရေမွှေး

estoig de bellesa

ရေချိုးခန်းသုံး အိတ်

tamboret

ခွေးခြေ

bàscula

ကိုယ်အလေးချိန်တိုင်းသည့်စက်

barnús

ရေချိုးပြီး ဝတ်သည့်ဝတ်ရုံ

guants de goma

ရာဘာ လက်အိတ်များ

compresa higiènica

တန်ပွန် ခေါ် ဓမ္မတာလာစဉ် မိန်း
မကိုယ်တွင်းထည့်သည့်အရာ

compresa

အမျိုးသမီး လစဉ်သုံးပုဝါစ

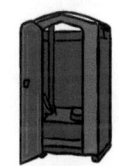

sanitari químic

ဓာတုပစ္စည်းထည့်သုံးသည့်
အိမ်သာ

cambra de nen
ကလေး အခန်း

despertador
နှိုးစက်
animal de peluix
ဖက်အိပ်သည့်အရုပ်
auto de joguina
အရုပ်ကား
sonall
ခလောက်
casa de nines
အရုပ်မအိမ်
present
လက်ဆောင်

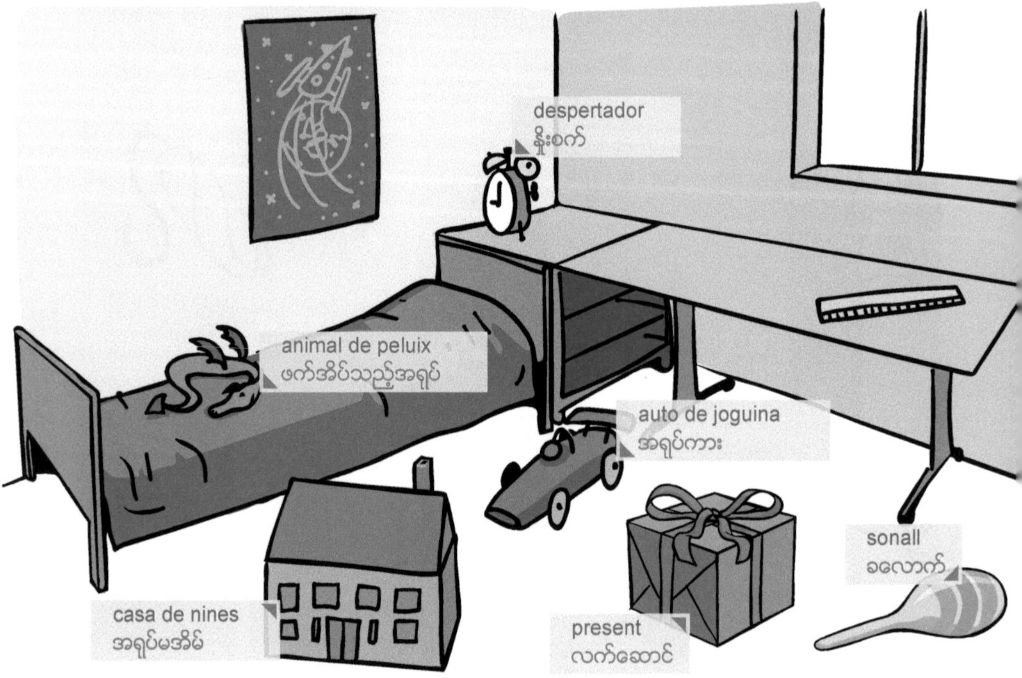

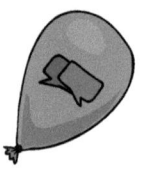

baló

ပူဖောင်း

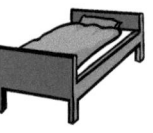

llit

အိပ်ယာ

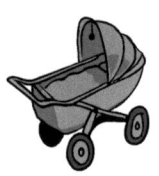

cotxet per a nens

ကလေးတွန်းလှည်း

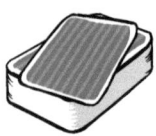

joc de cartes

ကစားသည့်ကတ်ထုပ်

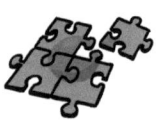

trencaclosca

ဂျစ်ဆော ခေါ်
ဆက်၍ကစားသည့်
အပိုင်းအစများ

SUPER
MEGA

historieta

ရုပ်ပြစာအုပ်

peces de lego
ဆောက်၍ကစားသည့် လေဂို
အတုံးများ

peces de construcció
ဆောက်၍ကစားသည့်
အတုံးများ

ninot d'acció
လှုပ်ရှားလုပ်ကိုင်သူ

granota
ဘောဘီဂရိုး

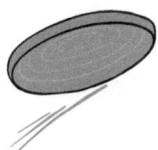

frisbee
ဖရစ်ဘီး ခေါ် ပစ်၍ ကစားသည့်
အပြား

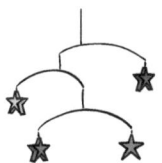

mòbil per a bressol
ရွှေ့လျားနိုင်သော

joc de taula
ဘုတ်ပြားပေါ် တွင် ကစားနည်း

daus
အံစာတုံး

tren elèctric
ကစားစရာ ရထား အစုံမော်ဒယ်

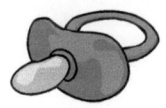

xumet
အရုပ်

festa
ပါတီ

llibre de dibuixos
ရုပ်ပြစာအုပ်

pilota
ဘောလုံး

nina
အရုပ်မ

jugar
ကစားသည်

sorrera

ကစားသည့် သဲပုံး

gronxador

ဒန်း

joguines

အရုပ်များ

consola de jocs de vídeo

ဗွီဒီယိုဂိမ်းကစားသည့် စက်

tricicle

သုံးဘီး စက်ဘီး

osset de peluix

တက်ဒီ ဝက်ဝံရုပ်

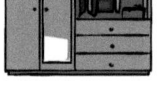

armari

အဝတ်ဗီရို

mitjons

ခြေအိတ်များ

mitges

အမျိုးသမီးဝတ် ခြေအိတ်ရှည်

mitja pantaló

အမျိုးသမီး ခြေအိတ်အကြပ်

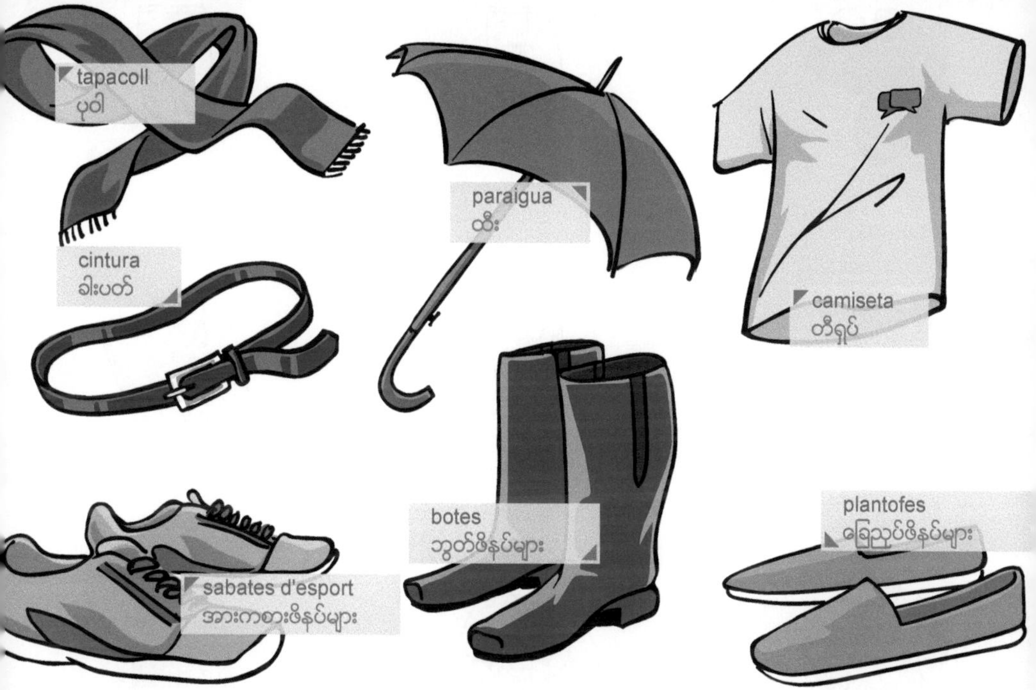

tapacoll
ပုဝါ

paraigua
ထီး

cintura
ခါးပတ်

camiseta
တီရှပ်

sabates d'esport
အားကစားဖိနပ်များ

botes
ဘွတ်ဖိနပ်များ

plantofes
ခြေညပ်ဖိနပ်များ

sandàlies
ခြေစွပ် နောက်ပိတ်ဖိနပ်

sabates
ရှူးဖိနပ်များ

botes de goma
ရာဘာ ဘွတ်ဖိနပ်များ

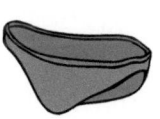

calçonets
အောက်ခံ အဝတ်များ

sostenidor
ဘရာဇီယာ

guardapits
အပေါ် ထပ် လက်ပြတ်အကျႌ

jjustacòs

ကိုယ်ခန္ဓာ

pantalons

ဘောင်းဘီရှည်

jeans

ဂျင်းဘောင်းဘီ

faldeta

စကပ်

brusa

ဘလောက်စ်အကျႌ

camisa

ရှပ်အကျႌ

jersei

ခေါင်းစွပ်အကျႌ

dessuadora

ခေါင်းစွပ်ပါ အကျႌ

blazer

ဘလေဇာကုတ်အကျႌ

jaqueta

ဂျက်ကတ်အကျႌ

mantell

ကုတ်အကျႌ

impermeable

မိုးကာ ကုတ်အကျႌ

vestit de dona

ဝတ်စုံ

vestit de dona

ဂါဝန်

vestit de núvia

လက်ထပ် ဝတ်စုံ

vestit d'home

အနောက်တိုင်းဝတ်စုံပြည့်

camisa de dormir

ညအိပ်အကျီ

pijama

ညအိပ်တ်ဝတ်စုံ

sari

ဆာရီ

mocador de cap

ခေါင်းအုပ်ပုဝါ

turbant

တာဘန် ခေါ် ခေါင်းပေါင်း

burca

ဘာကာခေါ်
အမျိုးသမီးခေါင်းအုပ်

caftan

ကာ့ဖ်တန် ခေါ်
အမျိုးသားဝတ်ဘောင်းဘီ

abaia

အာဘယာ ခေါ် မွတ်ဆလင်
အမျိုးသမီးဝတ်အကျီ

vestit de bany

ရေကူးဝတ်စုံ

calçon(et)s de bany

အဝတ်သေတ္တာ

pantalons curts

ဘောင်းဘီတို

xandall

အားကစားဝတ်စုံ

davantal

ခါးစည်း အဝတ်

guants

လက်အိတ်များ

botó

ကြယ်သီး

ulleres

မျက်မှန်

braçalet

လက်ကောက်

collaret

လည်ဆွဲ

anell

လက်စွပ်

orellera

နားကပ်

casquet

ခေါင်းဆောင်း ဦးထုပ်

penjador

ကုတ်အကျီ ချိတ်

capell

ဦးထုပ်

corbata

နက်တိုင်

cremallera

ဇစ်

casc

ဟဲလ်မက်ခေါ် ခေါင်းဆောင်း

elàstics

သွားထိန်းများ

uniforme escolar

ကျောင်းဝတ်စုံ

uniforme

ယူနီဖောင်းဝတ်စုံ

pitet

သွားရည်ခံ

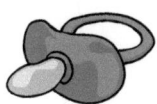

xumet

အရုပ်

bolquer

ကလေးအနှီး

oficina

ရုံးခန်း

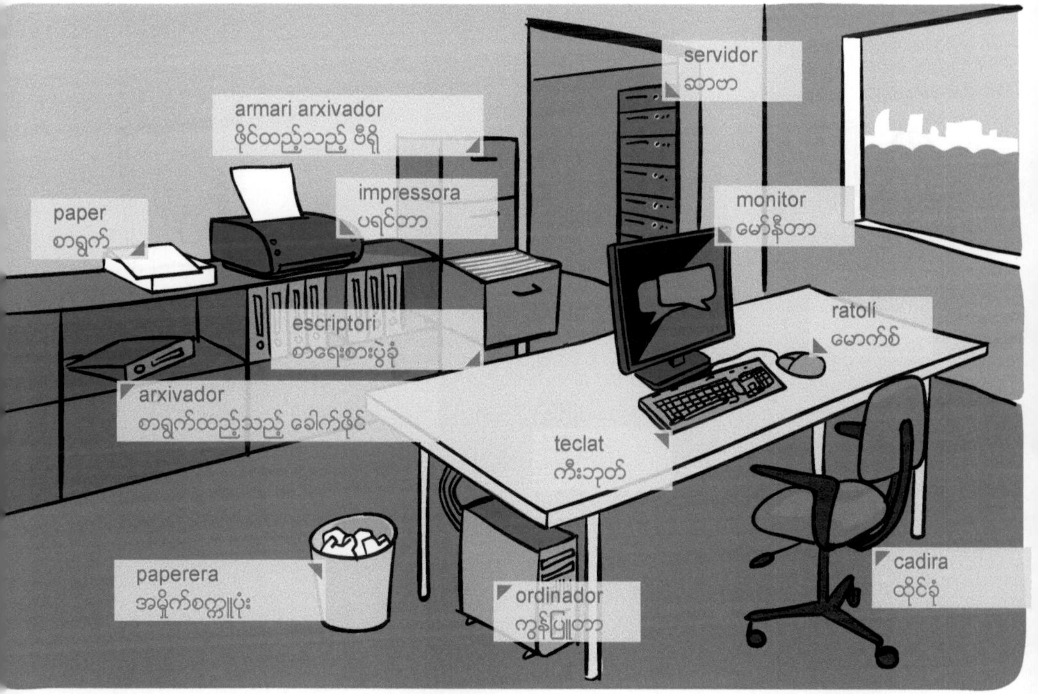

armari arxivador
ဖိုင်ထည့်သည့် ဗီရို

servidor
ဆာဗာ

paper
စာရွက်

impressora
ပရင်တာ

monitor
မော်နီတာ

escriptori
စာရေးစားပွဲခုံ

ratolí
မောက်စ်

arxivador
စာရွက်ထည့်သည့် ခေါက်ဖိုင်

teclat
ကီးဘုတ်

paperera
အမှိုက်စက္ကူပုံး

cadira
ထိုင်ခုံ

ordinador
ကွန်ပြူတာ

tassa de cafè

ကော်ဖီ မတ်ခွက်

calculadora

ဂဏန်းတွက်စက်

Internet

အင်တာနက်

ordinador portàtil

ပေါင်ပေါ်တင်ရိုက်နိုင်သည့် ကွန်ပြူတာ

lletra

စာ

missatge

မက်ဆေ့ချ်

mòbil

မိုဘိုင်းဖုန်း

xarxa

ကွန်ရက်

fotocopiadora

မိတ္တူကူးစက်

programari

ဆော့ဖ်ဝဲရ်

telèfon

တယ်လီဖုန်း

presa de corrent

ပလပ်ပေါက်

fax

ဖက်စ်ပို့သည့် စက်

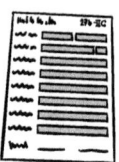

formulari

ပုံစံ

document

စာရွက်စာတမ်း

comprar

ဝယ်ယူသည်

pagar

ပေးအပ်သည်

comerciar

ကုန်သွယ်သည်

diners

ပိုက်ဆံ

dòlar

ဒေါ်လာ

euro

ယူရိုငွေ

ien

ယန်းငွေ

ruble

ရူဘယ်ငွေ

franc suís

ဆွစ်ဇာလန်နိုင်ငံသုံးငွေ

renminbi

ရမ်မင်ဘီ ယွမ်

rupia

ရူပီး

caixa automàtica

ငွေချေသည့်နေရာ

oficina de canvi

ငွေလဲဌာန

or

ရွှေ

argent

ငွေ

petroli

ဆီ

energia

စွမ်းအင်

preu

ဈေးနှုန်း

contracte

စာချုပ်

impost

အခွန်

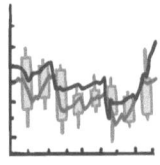

acció

စတော့ဈေးကွက်

treballar

အလုပ်လုပ်သည်

treballador

ဝန်ထမ်း

empresari

အလုပ်ရှင်

fàbrica

စက်ရုံ

botiga

ဆိုင်

oficis
အလုပ်အကိုင်များ

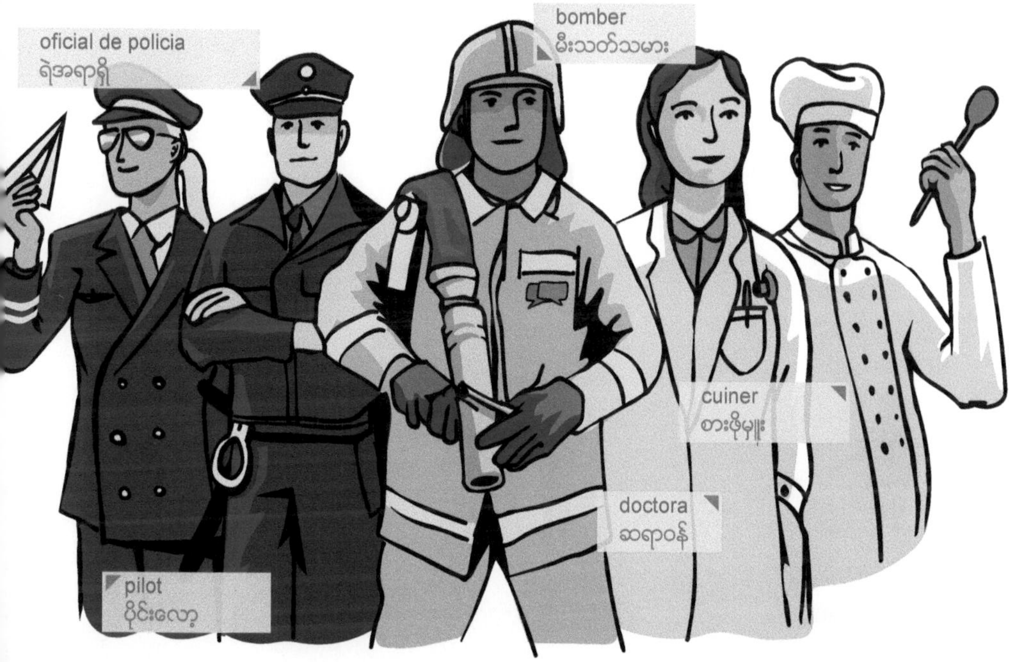
oficial de policia
ရဲအရာရှိ
bomber
မီးသတ်သမား
cuiner
စားဖိုမှူး
doctora
ဆရာဝန်
pilot
ပိုင်းလော့

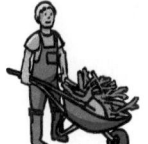

jardiner

မာလီ

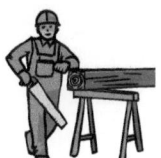

fuster

လက်သမား

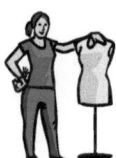

costurera

စက်ချုပ်သူ

jutge

တရားသူကြီး

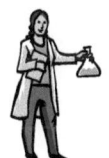

química

ဓာတုဗေဒပညာရှင်

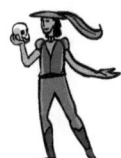

actor

သရုပ်ဆောင်

conductor d'autobús

ဘတ်စ်ကားမောင်းသမား

taxista

တက်စီမောင်းသူ

pescador

ငါးဖမ်းသမား

dona de la neteja

သန့်ရှင်းရေး အလုပ်သမ

ensostrador

အမိုးပြင်သူ

cambrer

စားပွဲထိုး

caçador

အမဲလိုက်မုဆိုး

pintor

ဆေးသုတ်သမား သို့ မဟုတ်
ပန်းချီဆရာ

forner

မုန့်ဖုတ်သမား

electricista

လျှပ်စစ်ပညာရှင်

obrer de la construcció

ဆောက်လုပ်ရေးသမား

enginyer

အင်ဂျင်နီယာ

carnisser

သားသတ်သမား

llanterner

ပိုက်ဆက်ဆရာ

correu

စာပို့သမား

soldat

စစ်သား

arquitecte

ဗိသုကာပညာရှင်

caixera

ငွေကိုင်

florista

ပန်းပညာရှင်

perruquer

ဆံပင်အလှပြင်သူ

revisor

လက်မှတ်စစ်

mecànic

စက်ပြင်ဆရာ

capità

ကပ္ပတိန်

dentista

သွားဘက်ဆိုင်ရာ ဆရာဝန်

científic

သိပ္ပံပညာရှင်

rabí

ရာဘိုင်

imam

မွတ်ဆလင် တရားဟောဆရာ

monjo

ဘုန်းကြီး

capellà

တရားဟောဆရာ

eines
ကိရိယာ တန်ဆာပလာများ

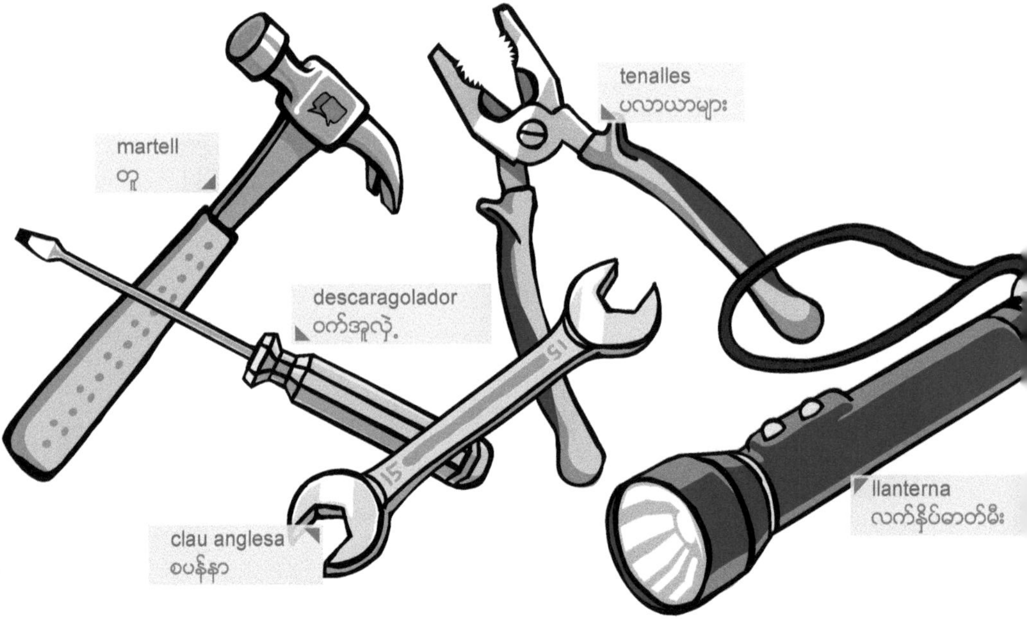
tenalles
ပလာယာများ
martell
တူ
descaragolador
ဝက်အူလှို့
clau anglesa
စပန်နာ
llanterna
လက်နှိပ်ဓာတ်မီး

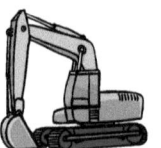

excavadora

မြေတူးစက်

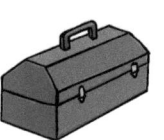

caixa d'eines

လက်သမားသုံးကိရိယာ
သေတ္တာ

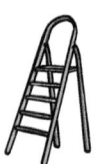

escala

လှေကား

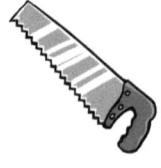

serra

လွှ

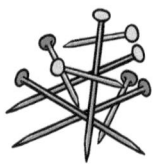

claus

လက်သည်းများ

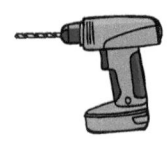

trepant

အပေါက်ဖောက်စက်

reparar

ပြင်ဆင်သည်

pala

ဂေါ်ပြား

Maleït siga!

ချီးတုံ့မှုပဲ

pala

ဖုန်ကျ္ုးသည့် ဂေါ်ပြား

pot de pintura

ဆေးရောင်အိုး

caragols

ဝက်အူများ

instrument de música
ဂီတတူရိယာများ

bateria
ဒရမ် အစုံ

altaveu
အသံချဲ့ စက်

guitarra
ဂီတာ

contrabaix
နှစ်ထပ် ဘော့စ်ဂီတာ

trompeta
တံပိုး တူရိယာ

piano

စန္ဒယား

violí

တယော

baix

ဘေ့စ်ဂီတာ

timbal

နားစည်အမြှေးပါး

tambor

ဒရမ်များ

teclat

ကီးဘုတ် တူရိယာ

saxofon

ဆက်ဆိုဖုန်း ခေါ်
လေမှုတ်တူရိယာ

flauta

ပုလွေ

micròfon

စကားပြောစက်

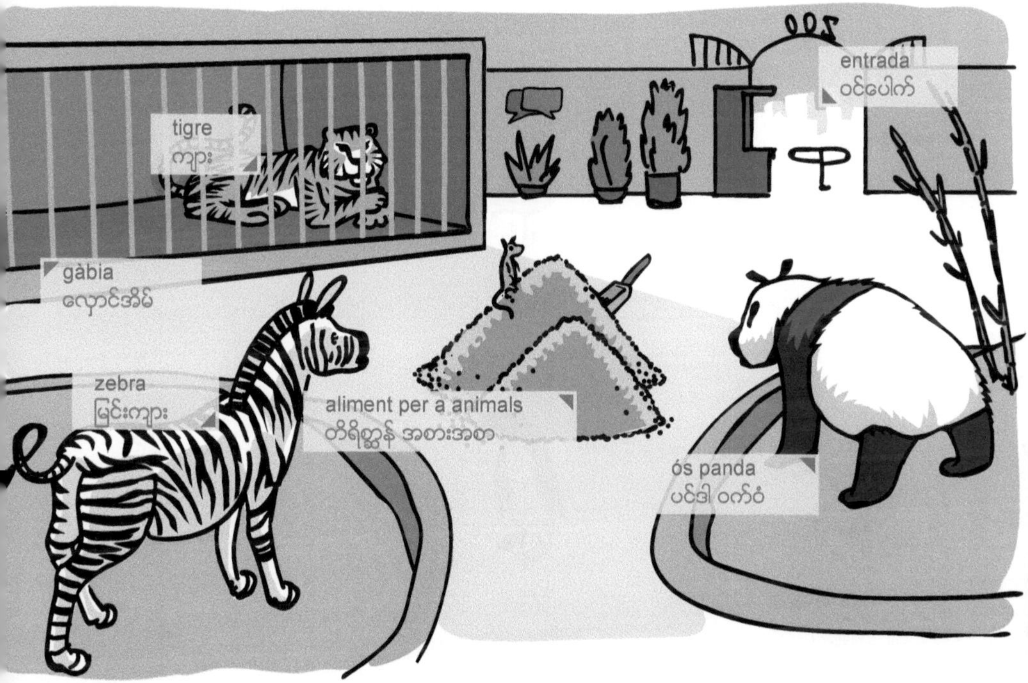

tigre
ကျား

entrada
ဝင်ပေါက်

gàbia
လှောင်အိမ်

zebra
မြင်းကျား

aliment per a animals
တိရိစ္ဆာန် အစားအစာ

ós panda
ပင်ဒါ ဝက်ဝံ

animals
တိရိစ္ဆာန်များ

elefant
ဆင်

cangurú
သားပိုက်ကောင်

rinoceront
ကြံ့

goril·la
ဂေါ်ရီလာမျောက်

ós
ဝက်ဝံ

camell

ကုလားအုတ်

estruç

၄က်ကုလားအုတ်

lleó

ခြင်္သေ့

simi

မျောက်

flamenc

ဖလန်မင်းဂိုးငှက်

papagai

ကြက်တူရွေး

ós polar

ဝိုလာဝက်ဝံ

pingüí

ပင်ဂွင်းငှက်

ca mari

ငါးမန်း

paó

ဥဒေါင်းငှက်

serp

မြွေ

cocodril

မိကျောင်း

guardià del zoo

တိရိစ္ဆာန်ရုံ ထိန်းသိမ်းသူ

foca

ဖျံ

jaguar

ကျားသစ်

poni

ပိုနီမြင်း

lleopard

ကျားသစ်

hipopòtam

ရေမြင်း

girafa

သစ်ကုလားအုတ်

àliga

သိန်းငှက်

senglar

တောဝက်

peix

ငါး

tortuga

လိပ်

morsa

ပင်လယ်ဖျံကြီး

guineu

မြေခွေး

gasela

ဦးချိုပါ သမင်ညိုတစ်မျိုး

esports

အားကစားများ

futbol americà
အမေရိကန် ဖွတ်ဘော
ciclisme
စက်ဘီးစီးခြင်း
tenis
တင်းနစ်ရိုက်ခြင်း
bàsquet
ဘတ်စကက်ဘော
ဝ
natació
ရေကူးခြင်း
boxa
လက်ဝှေ့
hoquei sobre gel
ရေခဲပြင် ဟော်ကီ

futbol americà
....
ဘောလုံးကန်ခြင်း

bàdminton
....
ကြက်တောင်ရိုက်ခြင်း

atletisme
....
ကိုယ်လက်လှုပ်ရှား
အားကစားများ

handbol
....
ဟန်းဒ်ဘော ခေါ် လက်ပစ်ဘော

esquí
....
နှင်းလျှောစီးခြင်း

polo
....
ပိုလို

riure
ရယ်မောသည်

saltar
ခုန်သည်

abraçar
ပွေ့ဖက်သည်

anar
လမ်းလျှောက်သည်

cantar
သီချင်းဆိုသည်

somiar
အိပ်မက်မက်သည်

pregar
ဆုတောင်းသည်

fer un petó
နမ်းရှုပ်သည်

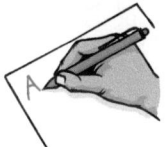

escriure

စာရေးသည်

dibuixar

ရေးဆွဲသည်

mostrar

ပြသသည်

pitjar

တွန်းသည်

donar

ပေးသည်

prendre

ယူသည်

tenir

ရှိသည်

fer

ပြုလုပ်သည်

ésser

ဖြစ်သည်

estar dret

မတ်တပ်ရပ်သည်

córrer

ပြေးသည်

estirar

ဆွဲသည်

llançar

ပစ်သည်

caure

လဲကျသည်

jeure

လိမ်လည်သည်

esperar

စောင့်ဆိုင်းသည်

portar

သယ်ဆောင်သည်

asseure's

ထိုင်သည်

vestir-se

အဝတ်အစားဝတ်သည်

dormir

အိပ်သည်

despertar-se

အိပ်ယာမှ ထသည်

mirar

တစ်ခုခုကို ကြည့်ရှုသည်

plorar

ငိုသည်

amoixar

ပွတ်သပ်သည်

pentinar

ဘီးဖီးသည်

parlar

စကားပြောသည်

comprendre

နားလည်သည်

demanar

မေးသည်

escoltar

နားထောင်သည်

beure

သောက်သည်

menjar

စားသည်

endreçar

သပ်ရပ်အောင်လုပ်သည်

estimar

ချစ်သည်

cuinar

ချက်ပြုတ်သည်

conduir

မောင်းသည်

volar

ပျံသန်းသည်

navegar

ရွက်လွှင့်သည်

calcular

တွက်ပါ

llegir

ဖတ်သည်

aprendre

သင်ယူသည်

treballar

အလုပ်လုပ်သည်

casar-se

လက်ထပ်သည်

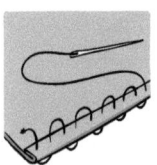

cosir

အပ်ချုပ်သည်

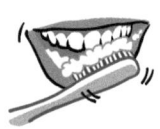

raspallar-se les dents

သွားတိုက်သည်

matar

သတ်သည်

fumar

ဆေးလိပ်သောက်သည်

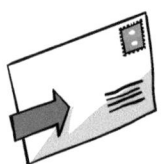

enviar

ပို့သည်

àvia
အဖွား

avi
အဖိုး

pare
ဖခင်

mare
မိခင်

nadó
ကလေး

filla
သမီး

fill
သား

convidat

ဧည့်သည်

tia

အဒေါ်

oncle

ဦးလေး

germà

အစ်ကို

germana

အစ်မ

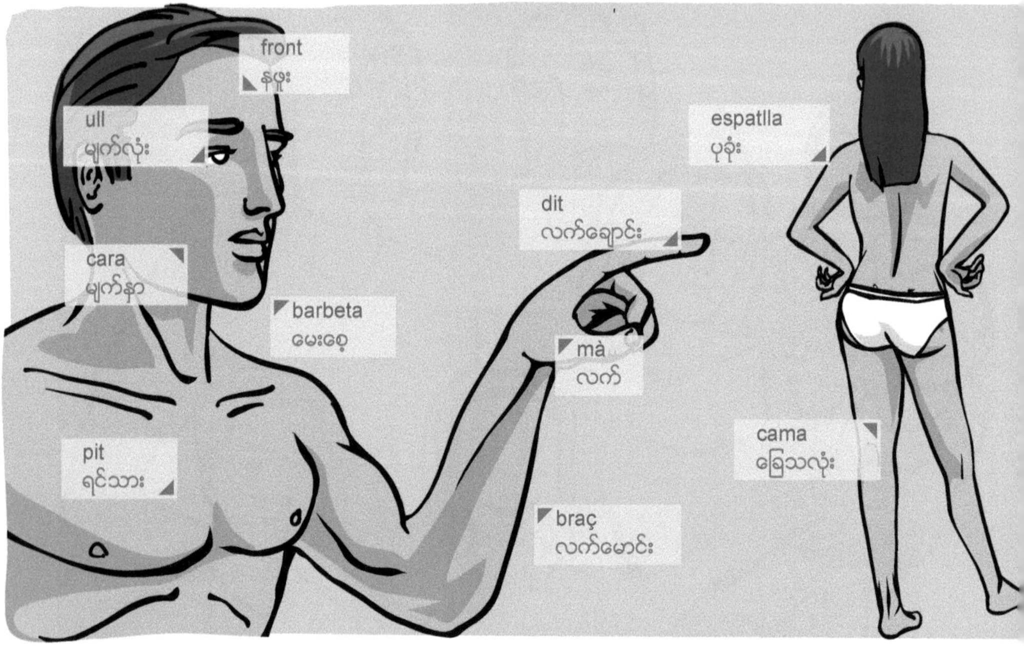

front
နဖူး

ull
မျက်လုံး

espatlla
ပုခုံး

dit
လက်ချောင်း

cara
မျက်နှာ

barbeta
မေးစေ့

mà
လက်

pit
ရင်သား

cama
ခြေသလုံး

braç
လက်မောင်း

nadó

ကလေး

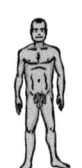

home

ယောက်ျားကြီး

dona

အမျိုးသမီးကြီး

noia

မိန်းကလေး

noi

ယောက်ျားလေး

cap

ဦးခေါင်း

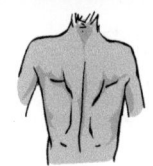

esquena

နောက်ကျော

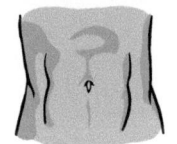

panxa

ဗိုက်

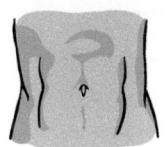

melic

ချက်

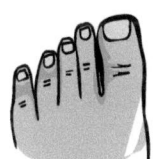

dit gros del peu

ခြေချောင်း

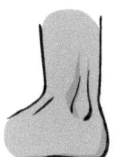

taló

ဖနောင့်

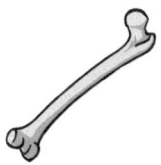

os

အရိုး

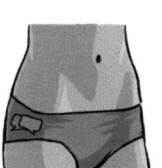

maluc

တင်ရိုး

genoll

ဒူးခေါင်း

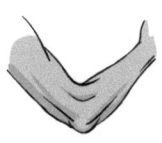

colze

တံတောင်ဆစ်

nas

နှာခေါင်း

cul

တင်ပါး

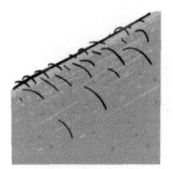

pell

အရေပြား

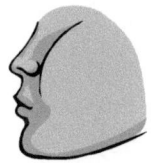

galta

ပါးပြင်

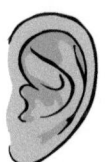

orella

နား

llavi

နှုတ်ခမ်း

boca

ပါးစပ်

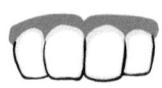

dent

သွား

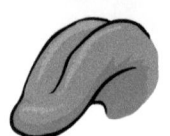

llengua

လျှာ

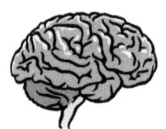

cervell

ဦးနှောက်

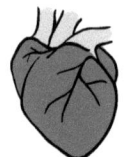

cor

နှလုံး

múscul

ကြွက်သား

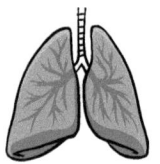

pulmó

အဆုတ်

fetge

အသည်း

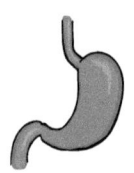

estómac

အစာအိမ်

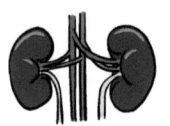

ronyó

ကျောက်ကပ်များ

relació sexual

လိင်

preservatiu

ကွန်ဒုံး

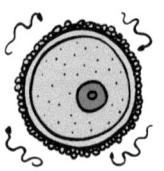

ovari

သားဥ

semen

သုတ်ရည်

prenyat

ကိုယ်ဝန်

cos - ကိုယ်ခန္ဓာ

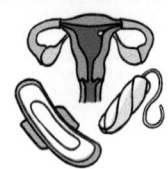

menstruació

ဓမ္မတာလာခြင်း

vagina

မိန်းမကိုယ်

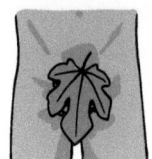

penis

လိင်တံ

cella

မျက်ခုံး

cabells

ဆံပင်

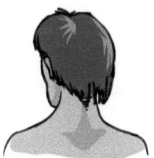

coll

လည်ပင်း

hospital
ဆေးရုံ

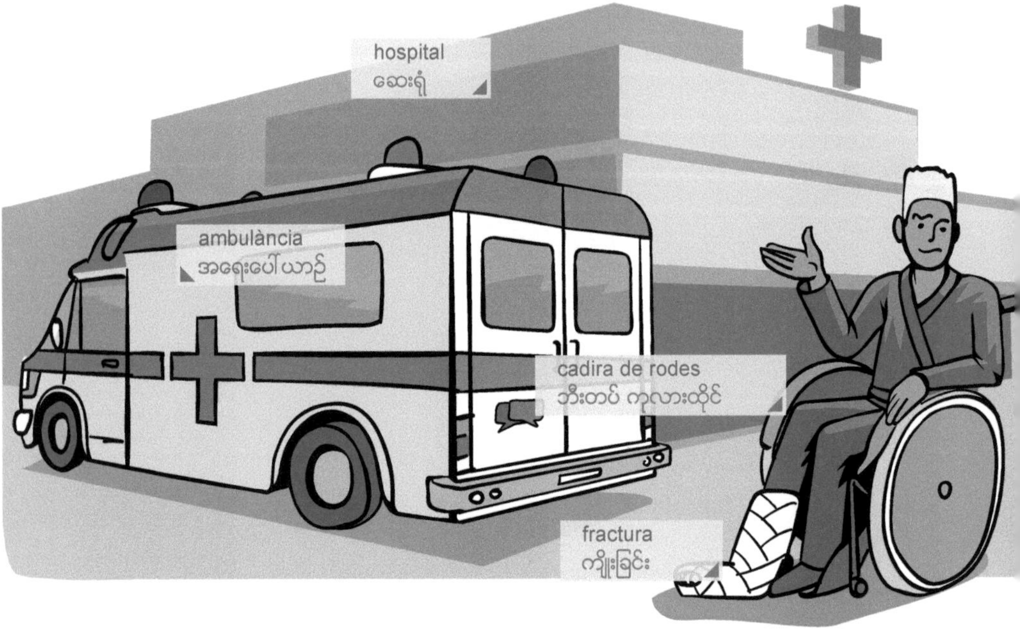

hospital
ဆေးရုံ
ambulància
အရေးပေါ်ယာဉ်
cadira de rodes
ဘီးတပ် ကုလားထိုင်
fractura
ကျိုးခြင်း

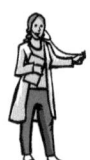

doctora
ဆရာဝန်

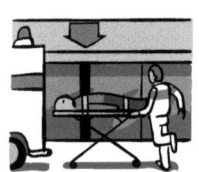

sala d'urgències
အရေးပေါ် ဆေးကုသခန်း

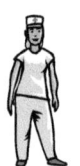

infermera
သူနာပြု

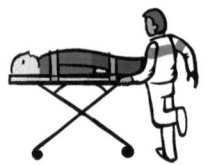

urgència
အရေးပေါ်

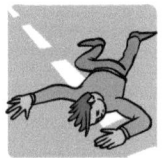

inconscient
သတိလစ်ခြင်း

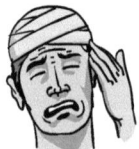

dolor
နာခြင်း

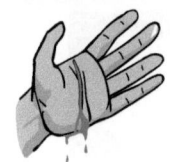

ferida

ဒဏ်ရာ

sagnament

သွေးယိုထွက်ခြင်း

atac de cor

နှလုံးရပ်ခြင်း

apoplexia

လေဖြတ်ခြင်း

al·lèrgia

ဓာတ်မတည့်ခြင်း

tos

ချောင်းဆိုးခြင်း

febre

အဖျား

gripa

တုတ်ကွေးရောဂါ

diarrea

ဝမ်းပျက်ဝမ်းလျှောခြင်း

mal de cap

ခေါင်းကိုက်ခြင်း

càncer

ကင်ဆာရောဂါ

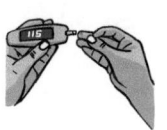

diabetis

ဆီးချိုရောဂါ

cirurgià

ခွဲစိတ်ဆရာဝန်

escalpel

ခွဲစိတ်ခန်းသုံးဓါးပါး

operació

ခွဲစိတ်ခြင်း

tomografia computada (TC), TAC

စီတီ

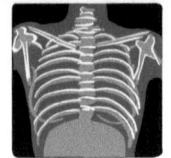

raigs x

ဓာတ်မှန်

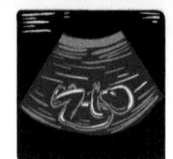

ultrasò

အာထရာဆောင်း

mascareta

မျက်နှာဖုံး

malaltia

ရောဂါ

sala d'espera

စောင့်ဆိုင်းရန် အခန်း

crossa

ချိုင်းထောက်

tireta

ပလာစတာ

embenat

ပတ်တီး

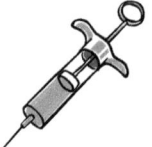

injecció

ထိုးဆေး

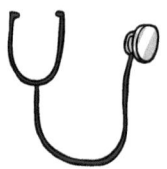

estetoscopi

နားကြပ်

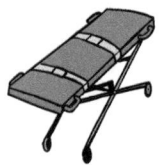

llitera

လူနာတင်ထမ်းစင်

termòmetre clínic

ကာသရေးပိုင်းသုံး
အပူချိန်တိုင်းသာမိုမီတာ

pariment

မွေးဖွားခြင်း

sobrepès

အဝလွန်ခြင်း

aparell auditiu

နားကြားကိရိယာ

desinfectant

ပိုးသတ်ဆေး

infecció

ရောဂါကူးစက်ခြင်း

virus

ဗိုင်းရပ်စ်ပိုး

VIH / SIDA

အိတ်ချ်အိုင်ဗွီ /
အေအိုင်ဒီအက်စ်

medicina

ဆေးဝါး

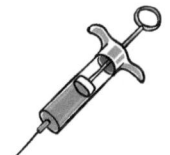

vaccí

ကာကွယ်ဆေးထိုးခြင်း

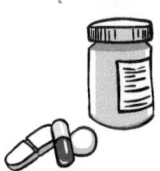

comprimits

ဆေးလုံးများ

píl·lola

ဆေးလုံး

trucada d'urgència

အရေးပေါ် ဖုန်းခေါ်ဆိုမှု

tensiòmetre

သွေးဖိအား စောင့်ကြည့်သည့်
ကိရိယာ

malalt / sà

နာမကျန်းသော / ကျန်းမာသော

Socors!
ကူညီကြပါ။

alarma
အရေးပေါ် ခေါင်းလောင်း

assalt
ရိုက်နက်သည်

atac
တိုက်ရိုက်သည်

perill
အန္တရာယ်

sortida-eixida d'urgència
အရေးပေါ်ထွက်ပေါက်

Foc!
မီး။

extintor
မီးသတ်ဘူး

accident
မတော်တဆဖြစ်ရပ်

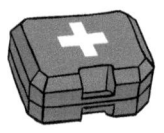

farmaciola de primers
auxilis
ကြက်ခြေနီ ဆေးပုံး

SOS
အက်စ်အိုအက်စ်

policia
ရဲ

Europa

ဥရောပတိုက်

Amèrica del Nord

မြောက်အမေရိကတိုက်

Amèrica del Sud

တောင်အမေရိကတိုက်

Àfrica

အာဖရိကတိုက်

Àsia

အာရှတိုက်

Austràlia

သြစတြေးလျတိုက်

Atlàntic

အတ္တလန္တိတ် သမုဒ္ဒရာ

Pacífic

ပစိဖိတ် သမုဒ္ဒရာ

Oceà Índic

အိန္ဒိယ သမုဒ္ဒရာ

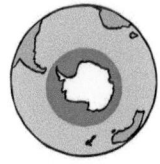

Oceà Antàrtic

အန္တာတိတ် သမုဒ္ဒရာ

Oceà Àrtic

အာတိတ် သမုဒ္ဒရာ

pol nord

မြောက်ဝင်ရိုးစွန်း

pol sud
....
တောင်ဝင်ရိုးစွန်း

Antàrtida
....
အန္တာတိကတိုက်

terra
....
ကမ္ဘာမြေကြီး

país
....
ကုန်းမြေ

mar
....
ပင်လယ်

illa
....
ကျွန်း

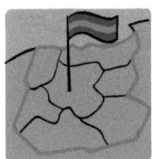

nació
....
နိုင်ငံကူးလက်မှတ်

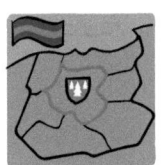

estat
....
ပြည်နယ်

quadrant

နာရီမျက်နှာပြင်

agulla de les hores

နာရီလက်တံ

agulla dels minuts

မိနစ်လက်တံ

agulla dels segons

ဒုတိယလက်တံ

Quina hora és?

ဘယ်အချိန်ရှိပြီလဲ။

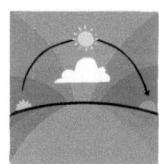

dia

ရက်

temps

အချိန်

ara

ယခု

rellotge digital

ဒစ်ဂျစ်တယ် လက်ပတ်နာရီ

minut

မိနစ်

hora

နာရီ

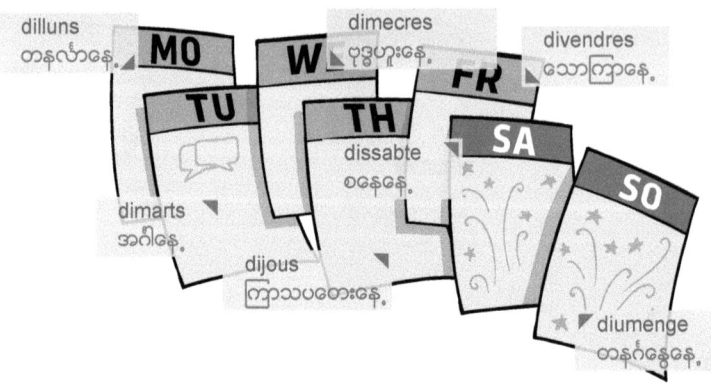

dilluns
တနင်္လာနေ့

dimecres
ဗုဒ္ဓဟူးနေ့

divendres
သောကြာနေ့

dimarts
အင်္ဂါနေ့

dissabte
စနေနေ့

dijous
ကြာသပတေးနေ့

diumenge
တနင်္ဂနွေနေ့

ahir

မနေ့က

avui

ယနေ့

demà

မနက်ဖြန်

matí

မနက်

migdia

နေ့လည်

tarda

ညနေ

dia feiner

အလုပ်လုပ်ရက်များ

cap de setmana

စနေ တနင်္ဂနွေ အားလပ်ရက်

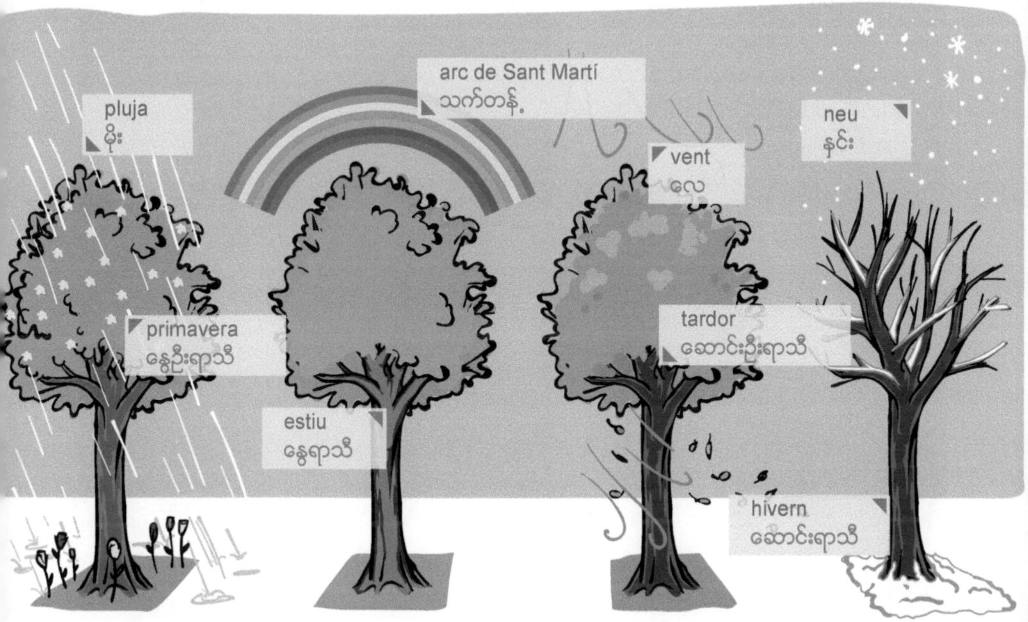

pluja
မိုး
arc de Sant Martí
သက်တန့်
neu
နှင်း
vent
လေ
primavera
နွေဦးရာသီ
tardor
ဆောင်းဦးရာသီ
estiu
နွေရာသီ
hivern
ဆောင်းရာသီ

4.APRIL 11°
5.APRIL 4°
6.APRIL 13°
7.APRIL 8°
8.APRIL 10°

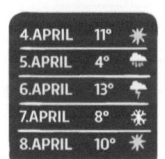

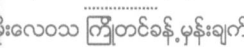

pronòstic del temps

းလေဝသ ကြိုတင်ခန့်မှန်းချက်

F C
120 40
90 30
60 20
30 10
0 0
-30 -10
-20

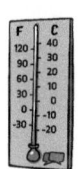

termòmetre

အပူချိန်တိုင်း ကိရိယာ

llum del sol

နေရောင်ခြည်

núvol

တိမ်

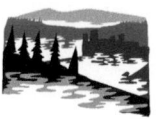

boira

မြူ

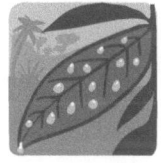

humiditat de l'aire

စိုထိုင်းဆ

llamp

လျှပ်စီးလက်ခြင်း

tro

မိုးကြိုး

tempesta

မုန်တိုင်း

calamarsa

မိုးသီး

monsó

မိုးရာသီ

inundació

ရေကြီးခြင်း

gel

ရေခဲ

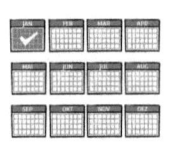

gener

ဇန္နဝါရီလ

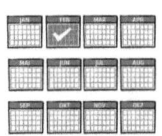

febrer

ဖေဖော်ဝါရီလ

març

မတ်လ

abril

ဧပြီလ

maig

မေလ

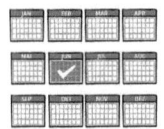

juny

ဇွန်လ

juliol

ဇူလိုင်လ

agost

ဩဂုတ်လ

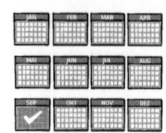

setembre

စက်တင်ဘာလ

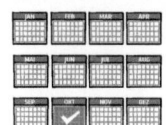

octubre

အောက်တိုဘာလ

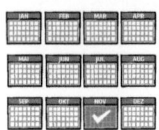

novembre

နိုဝင်ဘာလ

desembre

ဒီဇင်ဘာလ

cercle

စက်ဝိုင်း

quadrat

စတုရန်း

rectangle

ထောင့်မှန်စတုဂံ

triangle

တြိဂံ

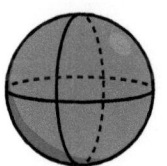

esfera

စက်ဝန်း

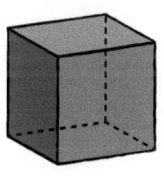

cub

အတုံး

အရောင်များ

blanc

အဖြူရောင်

groc

အဝါရောင်

taronja

လိမ္မော်ရောင်

rosa

ပန်းရောင်

vermell

အနီရောင်

lila

ခရမ်းရောင်

blau

အပြာရောင်

verd

အစိမ်းရောင်

marró

အညိုရောင်

gris

မီးခိုးရောင်

negre

အနက်ရောင်

molt / poc

အများအပြား / အနည်းငယ်

emprenyat / tranquil

စိတ်ဆိုးသော /
စိတ်တည်ငြိမ်သော

bonic / lleig

လှပသော / ရုပ်ဆိုးသော

començament / fi

အစ / အဆုံး

gran / petit

အကြီးသော / အငယ်

clar / fosc

တောက်ပသော / မှောင်မဲသော

germà / germana

ညီအစ်ကို / ညီအစ်မ

net / brut

သန့်ရှင်းသော / ညစ်ပတ်သော

complet / incomplet

ပြည့်စုံသော / မပြည့်စုံသော

dia / nit

နေ့ / ည

mort / viu

သေသော / ရှင်သော

ample / estret

ကျယ်သော / ကျဉ်းသော

comestible / immenjable

စားသုံးနိုင်သော /
မစားသုံးနိုင်သော

dolent / amable

စိတ်ယုတ်သော / ကြင်နာသော

entusiasmat / entediat

စိတ်လှုပ်ရှားဖွယ် / ပျင်းရိဖွယ်

gros / prim

ဝသော / ပိန်သော

primer / darrer

ပထမ / နောက်ဆုံးပိတ်

amic / enemic

မိတ်ဆွေ / ရန်သူ

ple / buit

အပြည့် / ဘာမှမရှိ

dur / tou

မာသော / ပျော့သော

pesant / lleuger

လေးလံသော / ပေါ့ပါးသော

gana / set

ဗိုက်ဆာလောင်သော / ရေဆာသော

malalt / sà

နာမကျန်းသော / ကျန်းမာသော

il·legal / legal

တရားမဝင်သော /
တရားဝင်သော

intel·ligent / ximple

ဉာဏ်ကောင်းသော /
ထိုင်းသော

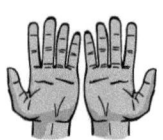

esquerra / dreta

ဘယ် / ညာ

prop / llunyà

နီးသော / ဝေးသော

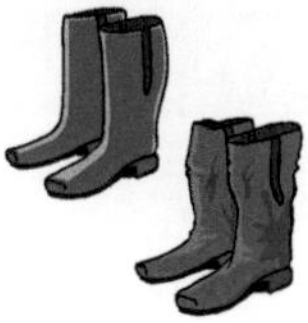

nou / usat

အသစ် / အသုံးပြုပြီးသား

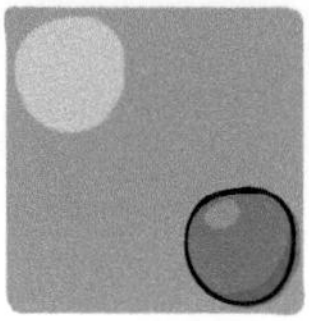

res / quelcom

ဘာမှမရှိ / တစ်ခုခု

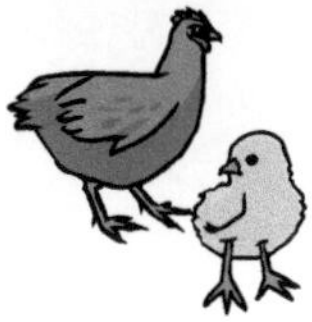

vell / jove

အသက်ကြီးသော / ငယ်ရွယ်သော

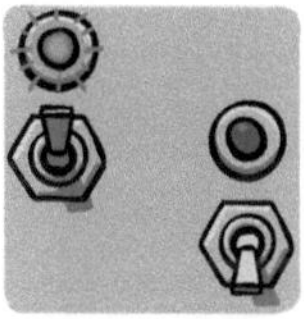

encès / apagat

ဖွင့်သော / ပိတ်သော

obert / tancat

ဖွင့်သော / ပိတ်သော

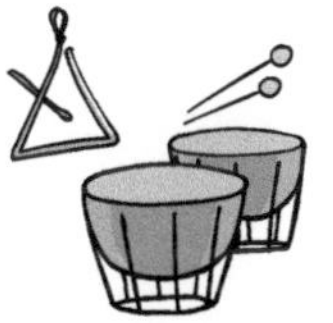

silenciós / sorollós

တိတ်ဆိတ် / ကျယ်လောင်

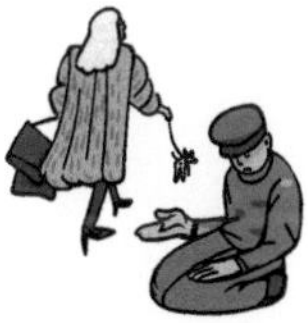

ric / pobre

ချမ်းသာ / ဆင်းရဲ

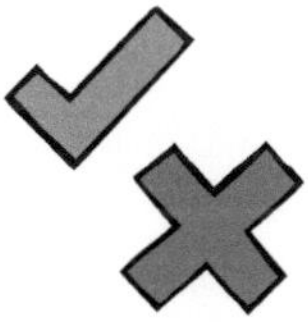

correcte / incorrecte

အမှန် / အမှား

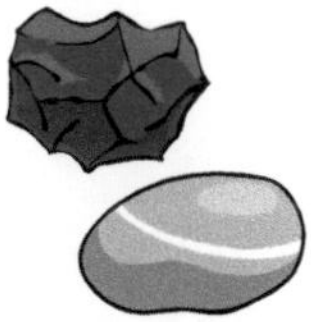

aspre / suau

ကြမ်းတမ်း / ချောမွေ့

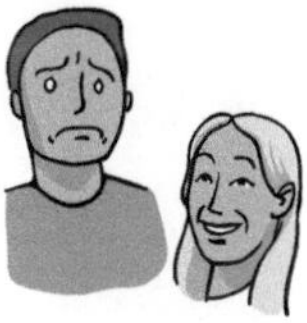

trist / content

ဝမ်းနည်း / ဝမ်းသာ

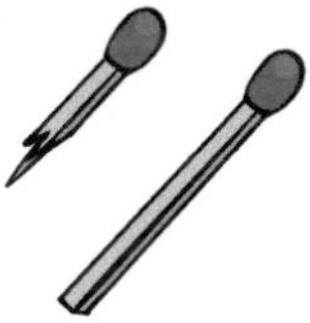

curt / llarg

အတို / အရှည်

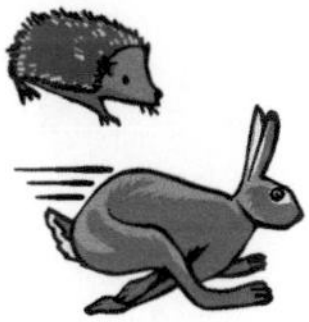

lent / ràpid

အနှေး / အမြန်

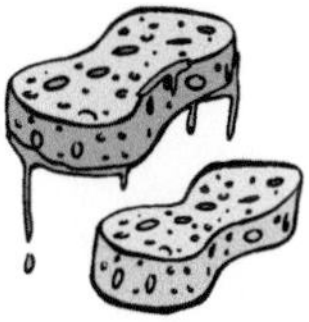

humit / sec - eixut

စွတ်သော / ခြောက်သွေ့သော

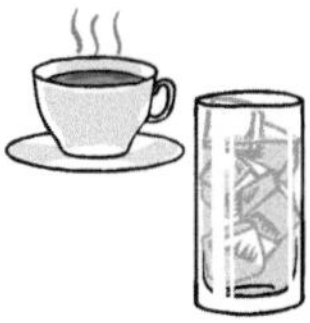

calent / fred

နွေးထွေးသော / အေးမြသော

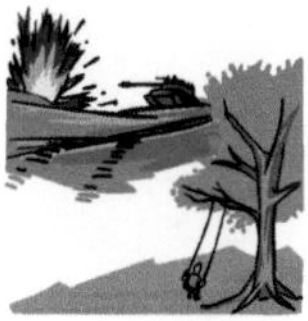

guerra / pau

စစ် / ငြိမ်းချမ်းရေး

0

zero

သုည

1

u

တစ်

2

dos

နှစ်

3

tres

သုံး

4

quatre

လေး

5

cinc

ငါး

6

sis

ခြောက်

7

set

ခုနစ်

8

vuit

ရှစ်

9

nou

ကိုး

10

deu

တစ်ဆယ်

11

onze

ဆယ့်တစ်

12
dotze
ဆယ့်နှစ်

13
tretze
ဆယ့်သုံး

14
catorze
ဆယ့်လေး

15
quinze
ဆယ့်ငါး

16
setze
ဆယ့်ခြောက်

17
disset
ဆယ့်ခုနစ်

18
divuit
ဆယ့်ရှစ်

19
dinou
ဆယ့်ကိုး

20
vint
နှစ်ဆယ်

100
cent
ရာ

1.000
mil
ထောင်

1.000.000
milió
မီလျံ

llengües

ဘာသာစကားများ

anglès

အင်္ဂလိပ် ဘာသာစကား

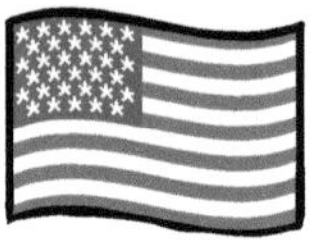

anglès americà

အမေရိကန် အင်္ဂလိပ် ဘာသာစကား

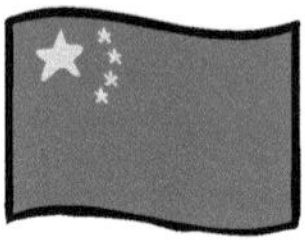

xinès mandarí

တရုတ် မန်ဒရင်း ဘာသာစကား

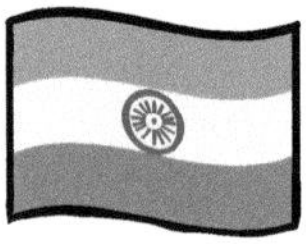

hindi

ဟိန္ဒူ ဘာသာစကား

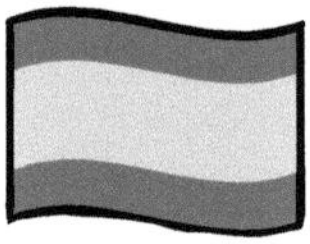

espanyol

စပိန် ဘာသာစကား

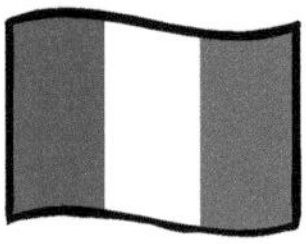

francès

ပြင်သစ် ဘာသာစကား

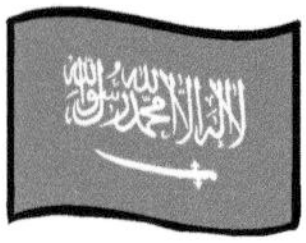

àrab

အာရာဗီ ဘာသာစကား

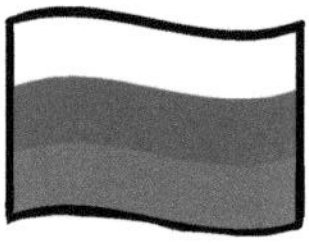

rus

ရုရှ ဘာသာစကား

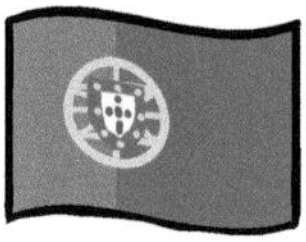

portuguès

ပေါ်တူဂီ ဘာသာစကား

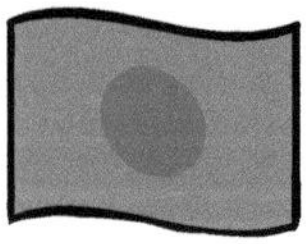

bengalí

ဘင်္ဂါလီ ဘာသာစကား

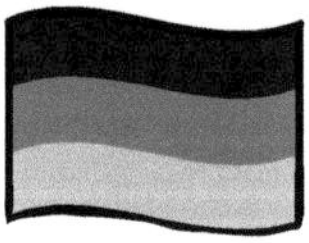

alemany

ဂျာမန် ဘာသာစကား

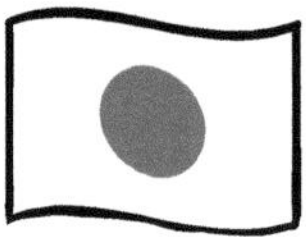

japonès

ဂျပန် ဘာသာစကား

jo

ကျွန်ုပ်

tu

သင်

ell / ella / allò

သူ / သူမ / ၎င်း

nosaltres

ကျွန်ုပ်တို့

vosaltres

သင်တို့

ells

သူတို့

qui?

ဘယ်သူလဲ။

què?

ဘာလဲ။

com?

ဘယ်လိုဖြစ်လဲ။

on?

ဘယ်နေရာလဲ။

quan?

ဘယ်အချိန်လဲ။

nom

အမည်

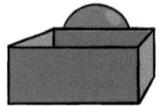

darrere

အနောက်ဖက်

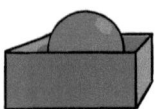

en

အတွင်း

davant de

အရှေ့ဖက်

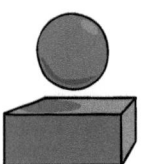

damunt

အထက်ဖက်

sobre

အပေါ်ဖက်

sota

အောက်ဖက်

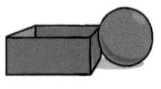

al costat

ဘေးဖက်

entre

ကြား

lloc

နေရာ